领导的艺术
The Art Of Leadership

彦涛 ◎ 著

江西美术出版社
JIANGXI FINE ARTS PUBLISHING HOUSE

图书在版编目（CIP）数据

领导的艺术 / 彦涛著 . -- 南昌：江西美术出版社，2017.5（2018.5 重印）

ISBN 978-7-5480-4291-4

Ⅰ.①领… Ⅱ.①彦… Ⅲ.①领导艺术 Ⅳ.① C933.22

中国版本图书馆 CIP 数据核字（2017）第 033446 号

出 品 人：汤　华
企　　划：江西美术出版社北京分社（北京江美长风文化传播有限公司）
策　　划：北京兴盛乐书刊发行有限责任公司
责任编辑：王国栋　宗丽珍　康紫苏　刘霄汉　朱鲁巍
版式设计：刘　艳
责任印制：谭　勋

领导的艺术

作　　者：彦　涛

出　　版：江西美术出版社
社　　址：南昌市子安路 66 号江美大厦
网　　址：http://www.jxfinearts.com
电子信箱：jxms@jxfinearts.com
电　　话：010-82293750　　0791-86566124
邮　　编：330025
经　　销：全国新华书店
印　　刷：保定市西城胶印有限公司
版　　次：2017 年 5 月第 1 版
印　　次：2018 年 5 月第 3 次印刷
开　　本：880mm×1280mm　1/32
印　　张：7
I S B N：978-7-5480-4291-4
定　　价：26.80 元

本书由江西美术出版社出版。未经出版者书面许可，不得以任何方式抄袭、复制或节录本书的任何部分。

版权所有，侵权必究

本书法律顾问：江西豫章律师事务所　晏辉律师

前言
Preface

所谓领导力,就是影响他人做事的能力。

无论是培养将军的西点军校,培养政治家的哈佛大学,还是培养商界精英的世界500强公司,都把"领导力训练"作为核心课程。因为一切组织和个人的兴衰都源自领导力。无论100年前还是100年后,只要身在工作场所,就一定需要学习并不断提升领导力。

领导力不是一种与生俱来的天赋,它是一种可以学习掌握,并能逐步提升的思维模式,一旦了解其中的秘诀,任何人都能很快拥有领导力。

在这本书里,有真实的案例,也有精彩的故事;有金科玉律般的法则,也有春风化雨似的智慧。集千年领导智慧于一体,合古今领导精华于一身,熔中外领导心法于一炉,汇政商领导经验于一书。

  本书紧跟时代潮流,既满足社会发展的现实需要,也关注组织演变的未来需求。论述的内容都是各级领导者实际面对和需要迫切解决的现实问题。方法简单,适用面广,历史与现实结合评析,告诉领导者如何拥有领导的艺术。

  你在工作中遇到的问题,相信都能在本书中得到一些启示,迅速找到解决这些问题的钥匙。祝你开卷有益,越读越美!

目录
Contents

CHAPTER 1　运用这些领导法则，人们就会追随你

- 发动别人做事，是领导能力的一种体现 / 003
- 有人愿意追随你，你才是真正的老板 / 004
- 对创新失败的员工，应给重来的机会 / 006
- 效率何来？答案是只做最重要的事 / 007
- 提高效率，要有刨根问底的精神 / 008
- 换位思考，不如代职思考 / 010
- 顺应人的本性，适当无为而治 / 012
- 做领导不能在后面推，要在前面拉 / 013
- 能力越大责任越大，度量也要越大 / 015
- 聪明的领导，不会介入桃色事件 / 016
- 维护下属的威信，莫与下属争功 / 018

- ◎ 了解别人，并尊重别人的感情 / 019
- ◎ 你干了一件好事！咱们一起干 / 021

CHAPTER 2　所谓领导力，就是创造员工的归宿感

- ◎ 把公司钥匙交给员工，员工才有归宿感 / 025
- ◎ 关心每一位员工，从每一件小事做起 / 026
- ◎ 让工作成为人们生活中快乐的一部分 / 028
- ◎ 你的期望越殷切，期望越可能成真 / 031
- ◎ 对出现频率较高的问题，不应回避 / 033
- ◎ 过去合理的事情，不一定适合今天 / 034
- ◎ 企业的合并，最重要的是文化合并 / 036
- ◎ 怀疑下属有异心，一定要调查取证 / 038
- ◎ 珍惜并爱护已有的人才，才是聪慧 / 039
- ◎ 人都渴望得到别人的关注 / 040
- ◎ 你跟员工斤斤计较，员工就跟你缺斤少两 / 042
- ◎ 公司与员工之间的忠诚，是彼此的 / 043

CHAPTER 3　使命、愿景、价值观：领导力的三要素

- ◎ 梦想的力量，可以感染每一个人 / 047
- ◎ 共同愿景，让追随者超越个人目标 / 049
- ◎ 把宏大的使命，分解成小目标 / 050
- ◎ 无法完成的目标，会让员工放弃努力 / 052

- 令出必行，慈不掌兵 / 053
- 对"小奸小恶"，要充分重视 / 054
- 有才华而不守规矩的人，是害群之马 / 056
- 清一色的价值观，是企业文化的基础 / 057
- 从招聘环节，就灌输企业的价值观 / 059

CHAPTER 4 决策与授权：领导力的双重修炼

- 决策不在于英明，而在于能否执行 / 065
- 听取意见要民主，拍板决断要独裁 / 066
- 决策要考虑综合因素，不能只顾眼前 / 067
- 设法让底层员工参与决策 / 068
- 不可盲从大众，因为"集体无意识" / 069
- 方向错了，决策就不可能正确 / 070
- 方案太多，反而难以做出好决策 / 072
- 欢迎"唱反调"，才能纠正决策的失误 / 073
- 为避免陷入细节，一定要下放权力 / 075
- 最简单的领导法则：定目标，放权 / 079
- 发现贤能之士，然后授以权柄 / 083
- 授权又不失权的6个秘诀 / 084
- 事后控制不如事前控制 / 086
- 管理卓越的企业，没有传奇 / 087

CHAPTER 5　选人、育人、用人：领导力的三手段

- ◎ 1 位出色人才，可顶 50 名平庸员工 / 091
- ◎ 拉拢与震慑：统御下属的一种手腕 / 094
- ◎ 留出空间让下属树立自己的威信 / 095
- ◎ 有明确的分工，才能各司其职 / 097
- ◎ 有一技之长的人，关键时刻能派上用场 / 098
- ◎ 辞退问题员工，必须痛下决心 / 099
- ◎ 成功欲望强的人，可以大胆任用 / 100
- ◎ 允许员工内部跳槽，可以发现干将 / 101
- ◎ 千里马派错用场，效果不如驴 / 103
- ◎ 知人善任的名声，能吸引人才加盟 / 104
- ◎ 组织的目的，在于用人之长 / 106
- ◎ 把合适的人，摆在合适的位置 / 107
- ◎ 换个角度看人才，价值也不一样 / 109
- ◎ 不能发现一流人才的人，自己也非一流 / 111
- ◎ 培训下属，可以不拘一格 / 112

CHAPTER 6　奖励、惩罚、激励，是领导力的三原则

- ◎ 领导威信就是"有功必赏、有过必罚" / 117
- ◎ 先抑后扬，是一种发奖金的艺术 / 118
- ◎ 惩罚干坏事的人，不如奖励检举的人 / 120

- ◎ 为薪水工作的人，只能原地踏步 / 121
- ◎ 不热爱工作的人，给高薪也没有用 / 122
- ◎ 经历冬季，才能分出牡丹和杂草 / 124
- ◎ 公开绩效，可以消除不必要的攀比 / 125
- ◎ 外部考核，能让一线员工不敢懈怠 / 127
- ◎ 激励团队，胜过激励个人 / 128
- ◎ 奖品再薄，也不要轻易授人 / 130
- ◎ 科学奖励员工的7个技巧 / 131
- ◎ 宁给两人发高薪，也不雇用第三人 / 133
- ◎ 员工表现欠佳，可以靠培训来改变 / 134
- ◎ 员工表现欠佳，可能是激励方式错了 / 136
- ◎ 业绩好的员工，对公司的满意度也高 / 138

CHAPTER 7　领导这样说，任何人都会听你的

- ◎ 讲话"接地气"，才能有执行力 / 143
- ◎ 向员工下达任务的3个语言技巧 / 145
- ◎ 沟通的态度，决定沟通的结果 / 147
- ◎ 惠普之道，向员工敞开心灵之门 / 149
- ◎ 提出问题，让下属自己去反省 / 150
- ◎ 向下询问，要重视员工的智慧心声 / 152
- ◎ 下属不愿意讲真话，往往是担心后果 / 153
- ◎ 只需3点，像乔布斯一样演讲 / 155

- ◎ 把政策的利害关系，对执行者讲清楚 / 157
- ◎ 说服别人，要抓住他的心理弱点 / 159
- ◎ 真诚的赞美，会换来下属真心的拥护 / 160
- ◎ 两句赞美加一句批评，能打动人心 / 162
- ◎ 日常沟通，会有意想不到的效果 / 163

CHAPTER 8 领导这样做，就能带出一流的团队

- ◎ 团结合作，是成就事业的保证 / 169
- ◎ 选卓越的部门经理，才能有卓越的部门 / 173
- ◎ 起用年轻将军，就能有一支年轻军队 / 175
- ◎ 制度法规要让人怕，领导讲话要让人爱 / 177
- ◎ 制度与切身利益挂钩，奇迹就发生了 / 178
- ◎ 勤劳有益的时候，人们才会勤劳 / 180
- ◎ 分配机制，影响人的行为方式 / 181
- ◎ 科学分工，是团队协作的基础 / 182
- ◎ 维护制度的尊严，从迟到罚站开始 / 183
- ◎ 能者多劳，是懒人对能人的剥削 / 184
- ◎ 激发工作热情的18种非经济手段 / 185
- ◎ 个人的价值，只有融入团队才能体现 / 190
- ◎ 工作到岗、责任到人、监督到位 / 192

CHAPTER 9　情境领导力，让你在变化中成就卓越

- ◎ 如果有制度和惯例，就别轻易有"例外" / 197
- ◎ 有过劣迹的人，起用前要加倍小心 / 198
- ◎ 新领导上任，要多和员工交流 / 199
- ◎ 靠硬性措施，是留不住人才的 / 201
- ◎ 心疼员工，就是在保护资产 / 202
- ◎ 退休人员，是看不见的人力资产 / 204
- ◎ 高明的领导，会接受他不喜欢的事 / 205
- ◎ 要想不被蒙蔽，就要深入第一线 / 207
- ◎ 激将法，时常会创造奇迹 / 208
- ◎ 从细节的地方，发现你想要的人才 / 209

CHAPTER 1
运用这些领导法则,人们就会追随你

没有人愿意被人管,但人们愿意追随自己信任的人。

——美国通用电气公司前总裁 杰克·韦尔奇

管理者拥有下属,而领导者拥有追随者。

——佚名

◎ 发动别人做事，是领导能力的一种体现

南宋嘉熙年间，江西一带山民叛乱，身为吉州万安县令的黄炳，调集了大批人马，严加守备。一天黎明前，探马来报，叛军即将杀到。

黄炳立即派巡尉率兵迎敌。巡尉问道："士兵还没吃饭怎么打仗？"黄炳却胸有成竹地说："你们尽管出发，早饭随后送到。"

黄炳并没有开"空头支票"，他立刻带上一些差役，抬着竹箩木桶，沿着街市挨家挨户叫道："知县老爷买饭来啦。"当时城内居民都在做早饭，听说知县亲自带人来买饭，便赶紧将刚烧好的饭端出来。黄炳命手下付足饭钱，将热气腾腾的米饭装进木桶就走。这样，士兵们既吃饱了肚子，又不耽误行军，打了一个大胜仗。

这个县令黄炳，没有亲自捋袖做饭，也没有兴师动众劳民伤财，他只是借别人的手，烧自己的饭。县令买饭之举，算不上高明，看来平淡无奇，甚至有些荒唐，但却取得了很好的效果。

领导的艺术：

领导是否优秀，不在于他会不会做具体的事务，而在于他有无本事发动别人做事。四两拨千斤，聪明的人总会利用别人的力量获得成功。

◎ 有人愿意追随你，你才是真正的老板

有一个老人非常寂寞，看到邻居家养了几只鹦鹉，就想自己也买一只。有一天，他来到鸟市，这里有许多大大小小的鹦鹉。

他看到一只鹦鹉前面标着：此鹦鹉会两门语言，售价200元。

他又来到另一只鹦鹉面前，这只鹦鹉前面标着：此鹦鹉会4门语言，售价400元。

这个人犯难了，买哪一只更好呢？两只鹦鹉都毛色光鲜，非常活泼可爱。他又在鸟市上溜达，看看还有没有更合适的。

最后，他发现了一只老掉了牙的鹦鹉，毛色暗淡散乱，

他想：这样的鹦鹉有谁愿意买呢？但是凑近一看标签，吓了一跳：800元。

这人赶紧将老板叫来："这只鹦鹉是不是会说8门语言？"

店主摇摇头说："不。"

这人很奇怪地问："那为什么又老又丑，又没有什么语言能力，它却值这个价格呢？"

店主道："因为另外两只鹦鹉叫这只鹦鹉——老板。"

领导的艺术：

这个"鹦鹉老板"让人一下子想到了马云。马云承认自己根本不懂什么是互联网，更不会编程和技术开发。但是马云团结了华尔街回来的蔡崇信、计算机高手吴咏铭等所谓的"阿里巴巴十八罗汉"，他们都叫他"老板"……真正的领导人，不一定自己能力有多强，只要有愿景、懂信任、懂授权、懂珍惜，就能团结比自己更强的力量，一起去追随一个远大的梦想。

◎ 对创新失败的员工，应给重来的机会

美国IBM公司的一位高级经理，因为开拓新业务失败，给公司造成了1 000万美元的损失。为此，他心里很难过，心想这次肯定要被炒鱿鱼了。有很多人都向董事长建议把他开除。

第二天，董事长把这个高级经理叫到了自己的办公室。出乎这位高级经理的意料，董事长并没有开除他，而是向他宣布了调任同级新职的决定。高级经理惊诧地问董事长："为什么没有把我开除或降职使用？"董事长微笑着说："如果那样做，我在你身上花的1 000万美元学费不就都打了水漂？"

后来，这位高级经理发奋工作，为公司做出了巨大的贡献。

领导的艺术：

越是勇于创新的人犯错误的概率越大。给犯错误的员工一个

机会，其实就是给创新一个机会。当然，同样的错误如果犯第二次，就不可原谅了。

◎ 效率何来？答案是只做最重要的事

伯利恒钢铁公司总裁查理斯·舒瓦普去会见效率专家艾维·利。艾维·利说可以在10分钟内给舒瓦普一样东西，这东西能把他的公司的业绩提高至少50%。

艾维·利递给舒瓦普一张空白纸，说："在这张纸上写下你明天要做的6件最重要的事。"过了一会儿又说："现在用数字标明每件事情对于你和你的公司的重要性次序。"这花了大约5分钟。艾维·利接着说："现在把这张纸放进口袋。明天早上第一件事是把纸条拿出来，做第一项。不要看其他的，只看第一项。着手办第一件事，直至完成为止。然后用同样方法对待第二项、第三项……直到你下班为止。如果你只做完第五件事，那不要紧。你总是做着最重要的事情。"

艾维·利又说："每一天都要这样做。你对这种方法的价值深信不疑之后，叫你公司的人也这样干。这个试验你爱做多久就做多久，然后给我寄支票来，你认为值多少就给我多少。"

整个会见历时不到半个钟头。几个星期之后，舒瓦普给艾维·利寄去一张2.5万元的支票。5年之后，这个当年不为人知的小钢铁厂一跃而成为世界上最大的独立钢铁厂，艾维·利提出的方法为查理斯·舒瓦普赚得1亿美元。

领导的艺术：

时间管理是一门很高深的学问，没有良好的时间管理就不会有效率的产生。一流的时间管理一定是在最有效的时间里，做最有效率的事情——分清轻重缓急，每分钟都不浪费。

◎ 提高效率，要有刨根问底的精神

1950年，丰田公司遇到了极大的困难，当时只有2亿日元的资产，已朝不保夕。此时，丰田喜一郎想到石田退三是个管理能手，于是三顾茅庐，石田退三答应接替丰田担任总经理。

石田上任后到各车间、科室视察，发现了丰田衰落之源——浪费。

于是，石田立刻召集丰田中层以上的干部开会。会上，石田罗列了种种浪费现象，并请会计把账本打开让大家看看哪些是不合理的支出。

而后，石田针对浪费成风，提出了"杜绝浪费"的治厂纲领，明确规定：凡是在杜绝浪费上做出成绩或提出好建议的人，就立刻受到表彰、奖励，甚至提拔重用。否则，就要立刻受到批评，严重的会受到惩罚。

同时还规定：所有管理干部都要走出办公室，到现场办公，一旦发现有任何明显的浪费现象，就要不断地追问"15个为什么"。

比如，当事人报告："保险丝断了。"则问："为什么保险丝会断？"答："因为掉进铁屑。""为什么让它掉进铁屑？""因为没有防护罩。""为什么没防护罩？""因为车间没有统一安排。"……

于是，立即由车间主任解决车床加罩问题，从而使这种停车造成的浪费永远不会再发生。丰田绝不允许"重复错误"，如有必罚。但第一次出错，能找到原因，杜绝浪费，反而会大加表扬。

从此，丰田起飞，石田退三也成为日本"管理之王"。

领导的艺术：

管理不是做表面文章，而是刨根问底，找到问题产生的根源。所有企业都会喊"杜绝浪费"这样的口号，但又有几个能发现每个浪费现象背后的根源，并一一杜绝的呢？这就是喊口号与重执行的区别。

◎ 换位思考，不如代职思考

韩国有一家卫生材料厂，自1983年3月开始，实行"一日厂长"制度。在每周的星期三，挑选一名员工做一天该厂的厂长，每周轮换一次。在短短的一年内，做过"一日厂长"的已有40人，占全厂员工的10%。星期三上午9点，"一日厂长"上任，第一项工作是听取各车间、部门主管的简单汇报，以了解工厂的全盘运营情况，随后与正式厂长一道巡视各部门、车间。最后两项工作是在办公室里，处理来自各部门、车间主管或员工的公文和报告。"一日厂长"有公文批阅权。在星期三，呈报厂长的所有公文都要首先经"一日厂长"签名批阅，厂长如果要更改"一日厂长"的意见必须征求"一日厂长"的意见，才能最后裁决，不能擅自更改。"一日厂长"还有权对工厂的管理提出批评意见。批评意见要详细地记入工作日志，以便在车间、部门之间传阅，各车间部门的主管必须听取批评意见，并随时改进自己的工作，还要写出改进工作成果的报告在干部会议上宣读，得到全体干部认可后方能结束。

"一日厂长"制度的实施，成功地改善了劳资关系。一位年仅22岁的女工当了"一日厂长"后，自信地说：如果我第二次当上"一日厂长"，一定比上次干得更出色。她已经认识到："一日厂长"制使员工体验到工厂的业务实践，增进了与上级的感情和了解。员工也认识到"合作"和"节约成本"对一个企业的重要性，认真地执行与此有关的计划，企业的凝聚力也大为增强，员工更能体谅厂长的辛苦和各种决策的用意。

另外，"一日厂长"制的推行使该厂获得了韩国劳动部授予的"杰出劳资关系示范工厂"的称号。工厂每年节约了

200万美元，这笔巨款用于对全厂员工的奖励后，员工的干劲更足了，更加积极地为这家工厂努力工作。

领导的艺术：

企业的决策很可能会因不为员工所理解，最终难以执行。"一日厂长"制，提供了解决这一难题的方法。

◎ 顺应人的本性，适当无为而治

郭翁种树的手艺很好，远近闻名。有人向郭翁请教种树的技艺。郭翁说："我并没有什么超人之处能使树木活得长久，果子结得多，我只是顺应树木成长的天性，让树木随着本性发展罢了。种树的规律是：树根要舒展，培土要平整，要用原土，把土砸实，种完之后，不要动它，也不要担心，离开它不要管它。栽树的时候，要像抚育苗子一样精心，栽好以后，就要像抛弃它一样，这样树木的天性可以保全，它的本质得到自然的发展。因此，我没什么特殊的本事，只是不妨害它而已。"

请教的人听了郭翁这番话，不解地问："那为什么别人种树总不如你呢？区别在哪里呢？"

郭翁说："其他种树人不了解树木的本性，种植时令树根卷曲，不知用原土而换用新土，培土不是超过限度，就是不足。有的种树人对树木过分爱护，过多地担忧，早晨看看，晚上摸摸，已经离开又要回头看一看，甚至还用指甲划破树皮来检验它活着还是枯死了，摇动树干来看一看栽得是松是紧。这样树木无法顺着自身的天性生长，不死也长得不好。因此这些人种树就不如我。他们虽说是爱树，其实是害它；虽说是关心树，其实是破坏它。"

领导的艺术：

顺着树木的本性任其生长，既不草率从事，也不过分折腾。管理者也要顺应人的本性来管理，才能达到最好的效果。

◎ 做领导不能在后面推，要在前面拉

有一个人，从小就非常渴望成为领导者，等他长大成人

后便进入了父亲的企业工作。

几年后,父亲提拔他做经理,他担心不能胜任,于是就问父亲该如何领导。

他父亲拿出一根30厘米长的绳子放在桌上,叫他儿子拿着绳子的一端向前推,看能不能让绳子往前移动。

结果他怎么向前推,绳子也不往前移,只是歪歪斜斜地在原处扭动。

父亲问儿子怎么才能改变现状?儿子拿着绳子,调了个方向,然后向前拉,绳子直直地向前走了,轻轻松松解决了这个问题。

父亲问儿子悟到了什么,儿子说:"做领导不能在后面推,要在前面拉。"

领导的艺术:

己所不欲,勿施于人,领导就是做给别人看。说服别人不要用嘴巴,而是用你的行动来证明,这样才能发挥领导的影响力。

◎ 能力越大责任越大，度量也要越大

春秋时期，齐襄公被杀。襄公有两个兄弟，一个叫公子纠，当时在鲁国；一个叫公子小白，当时在莒国。两个人身边都有个师父，公子纠的师父叫管仲，公子小白的师父叫鲍叔牙。两个公子听到齐襄公被杀的消息，都急着要回齐国争夺君位。

在公子小白回齐国的路上，管仲早就派好人马拦截他。管仲拈弓搭箭，对准小白射去。只见小白大叫一声，倒在车里。

管仲以为小白已经死了，就不慌不忙护送公子纠回齐国去。怎知公子小白是诈死，等到公子纠和管仲进入齐国国境，小白和鲍叔牙早已抄小道抢先回到了国都临淄，小白当上了齐国国君，即齐桓公。

齐桓公即位以后，即发令要杀公子纠，并把管仲押回齐国治罪。

管仲被关在囚车里押到齐国。鲍叔牙立即向齐桓公推荐管仲。

齐桓公气愤地说:"管仲拿箭射我,要我的命,我还能用他吗?"

鲍叔牙说:"那是因为他是公子纠的师父,他用箭射您,正是他对公子纠的忠心。论本领,他比我强得多。主公如果要干一番大事业,管仲可是个用得着的人。"

齐桓公也是个豁达大度的人,听了鲍叔牙的话,不但不治管仲的罪,还立刻任命他为相,让他管理国政。

管仲帮着齐桓公整顿内政,开发资源,大开铁矿,多制农具,齐国越来越富强了。

领导的艺术:

领导用人需要雅量,因为你用人的时候,不是看谁跟你有过节,谁跟你关系最好,而是看谁最有能力,谁才是你最需要的人才。

◎ 聪明的领导,不会介入桃色事件

有一位男领导,家离一位女下属的家非常近。有时为了工作上的事，他就直接去这位下属家里谈。因为他们谈的都是有关工作的事，加之这两位坚信"身正不怕影子歪"，所以就对彼此的距离未作太多的考虑。然而时间一长，这位领导夫人就起了疑心，认为他们之间肯定有什么不可告人的秘密，因此同自己的丈夫吵了好几次。于是，一时间搞得满城风雨。

许多人认为是"无风不起浪"，各种谣传纷起，同事们也持怀疑甚至鄙视的态度，这位女士在单位的处境相当艰难。"外困"又引起"内忧"，她的家庭关系也因为风言风语弄得相当紧张。

那位男领导为了表明自己的清白，开始主动疏远她，重要工作不交给她做，增资奖励没有她的份儿，这更使这位女士的处境举步维艰。

最后，她只好打报告请求调到另一个单位去工作。然而，其名誉的损失却是无法弥补的，这成为她一个巨大的精神包袱。

领导的艺术：

只是因为不注意保持适当距离，结果却造成不良的社会后果，使双方受到了不应有的伤害。聪明的领导者，从不会介入桃色事件。

◎ 维护下属的威信，莫与下属争功

韩某任一家技术公司的部门经理。他讲述过这样一则故事。

有一天上午快下班时，他部门的员工李某在工作中遇到了一个知识性的问题。由于办公室没有现成的资料可供查阅，小李只好走进韩某的办公室求教。正埋头工作的韩某停顿下来，耐心地听了小李的询问。韩某是个诚实的人，他并不熟悉这个问题："这个我不懂，总经理是这方面的专家，你去请教他吧。弄明白以后，还请你来告诉我一下。"

下午一上班，韩某接到总经理秘书送来的一份复印件，并附有一封信。韩某拆开信，里面是一张便笺，上面是老总亲笔写的几行字："你部小李来找我。现将有关文字复印后送去，所需东西全在其中。我认为你将此件交予小李更妥。祝好。"韩某阅后，又仔细查看了复印件，然后走到小李桌前，将有关资料递给他。小李非常高兴，对他的上司深感敬佩："总经理说您大概是一时记不清了，他说您一定会查清的。他还说他也不太懂，等你查清后告诉他一声。没想到您下班后就弄好了，谢谢！谢谢！"

至此，韩某已豁然清楚，同时，他也由衷地感激老总。日后，他更加敬业。如今，韩某已升任总经理，每每谈起这件事，总很动情。

领导的艺术：

聪明的领导者，总会维护下级的威信来激励下属。愚蠢的领导者，却会与自己的下级争抢功劳和威信，这是极其不明智的。

◎ 了解别人，并尊重别人的感情

珍妮刚升上管理层没有多久，可是她发现了一个奇怪的现象。于是她不免常常感叹："现在企业中的快乐员工越来越少，员工们工作起来总是一副冷漠无情的样子。互相沟通也少了很多。"对于如何解决这个问题，珍妮决定请来她在前任公司的助手丹尼斯。

"你能确定你给了员工快乐吗？"丹尼斯反问珍妮。

"我一直在努力，可是难道说他们的不快乐是我造成的吗？"

"其实，你可能根本没有留意，你的一些举动已经很深地伤了员工们的心。"

珍妮对此很惊讶，她扪心自问，一直以为自己是一个很公正的领导。

"事实根本原因就是你对员工缺乏应有的尊重。你总是对员工呼来唤去，任意指责他们的错误。员工们很努力地工作，却总是得不到你的认可。在这种工作环境下的工作效率可想而知。"

领导的艺术：

在组织工作中，不能只靠行政命令去强制人们的意志，而要努力去了解别人并学会尊重别人的感情。选择人们普遍接受和认可的方式，让一颗博大的仁爱之心赢得众人的支持。美国心理学家马斯洛阐述了人类生存的需要层次理论，其中第四层就是地位和受人尊敬的需要，这是人类维护人格最基本的要求。

◎ 你干了一件好事！咱们一起干

美国管理学家雷鲍夫提出：在你着手建立合作和信任时，你要学会使用你的语言，其中以下8句非常重要：

1. 最重要的8个字是：我承认我犯过错误。
2. 最重要的7个字是：你干了一件好事。
3. 最重要的6个字是：你的看法如何？
4. 最重要的5个字是：咱们一起干！
5. 最重要的4个字是：不妨试试。
6. 最重要的3个字是：谢谢您。
7. 最重要的2个字是：咱们……
8. 最重要的1个字是：您……

这一套沟通方法，被称之为雷鲍夫法则。

领导的艺术：

仔细观察雷鲍夫法则的八句金言，你会发现它们是一个不断渐进的过程。要建立合作和信任的基础最重要的就是认识自己和尊重他人。而上述定律无疑就是进行这一过程的最好表现。理解了雷鲍夫法则的这8条,你会在建立信任与合作中无往不利、事半功倍。

CHAPTER 2

所谓领导力,就是创造员工的归宿感

最好的总裁是能够挑选最好的人做他想要做的事情,而且能够在从事过程中保持自制不干涉他们。

——美国前总统　西奥多·罗斯福

以爱为凝聚力的公司比靠畏惧维系的公司要稳固得多。

——美国西南航空公司总裁　赫伯·凯莱赫

◎ 把公司钥匙交给员工，员工才有归宿感

戴尔电脑今天已经是全球举足轻重的跨国企业。从20世纪80年代创业到现在，戴尔切身领悟到了很多宝贵的管理经验。

戴尔开始创业时，还在大学念书，习惯晚睡晚起的作息。所以公司刚开始成立时，每天必须早起就是一件很痛苦的事情。而戴尔又是唯一有公司钥匙的人，因此每次只要戴尔睡过头，一到公司附近，远远的他就会看到二三十个人在门口闲晃，等着戴尔来开门。所以，戴尔公司刚成立时，很少在9点半以前开门。后来，逐渐提早到9点。到最后，公司终于改成8点上班，而戴尔也开始把钥匙交给别人。

要交出去的，还不只办公室大门的钥匙。

有一次，戴尔正在办公室忙着解决复杂的系统问题，有个员工走进来，抱怨说他的硬币被可乐贩卖机吃掉了。戴尔问他："这种事为什么要告诉我？"他说："因为贩卖机的钥匙是你保管的。"那一刻，戴尔才知道，应该把自动贩卖机的钥匙交给别人保管。

领导的艺术：

把公司的钥匙交给员工——这是一个多么好的隐喻！当你把各种无形的钥匙也交给员工后，你会发现，他们开始把公司像自己的家一样关心爱护。

◎ 关心每一位员工，从每一件小事做起

日本桑得利公司董事长信志郎就是一个善于激励员工的人，他的一些出人意料的激励方式常常让员工们感到十分愉快。

你瞧瞧他是怎样发红包的吧。

他把员工一个个叫到董事长办公室发奖金，常常在员工答礼完毕，正要退出的时候，他叫道：

"请稍等一下，这是给你母亲的礼物。"说着，他又给员工一个红包。

待员工表示感谢，又准备退出去的时候，他又叫道："这是给你太太的礼物。"

连拿两份礼物，或者说拿到了两个意料之外的红包，员

工心里肯定是很高兴的，鞠躬致谢，最后准备退出办公室的时候，又听到董事长大喊："我忘了，还有一份给你孩子的礼物。"第三个意料之外的红包又递了过来。

真不嫌麻烦，4个红包合成一个不就得了吗？

可是，合在一起，员工会有意外之喜吗？

信志郎真是太狡猾了，其实他并没有多花一分钱，就买走了员工的心。

在平常，信志郎安排员工去做事情，做完了他也会来一个意外的奖励，虽然那是员工分内事。

有一回，总务部的办事人员把一个不小心写错了价格和数量的商品邮件寄了出去，信志郎知道后，马上命令另一个员工将它取回来。

可是，要在那么多的邮筒当中找一份邮件谈何容易。"我怎么知道他投在哪一个邮筒里了，别人犯下的错误为什么要我去替他收拾？没道理的？"这个员工小声地发着牢骚。"我想他很有可能是投在附近的邮筒中了，附近邮筒的邮件全部集中在船场邮局，你先去那里看看吧。"

董事长都这样提醒了，他也只好去了。那个员工在船场邮局果然找到了那份邮件，并把邮件放在了董事长的面前。

"辛苦了，"信志郎露出欣喜的微笑，"这是给你的礼物。"他拿出一份讲究的礼物给那个员工。

原本一肚子牢骚的员工,再也没有牢骚了,反倒充满感动与理解。

其实,这份礼物也不见得破费多少。

这就是信志郎作为一个公司的董事长的高明之处。用最小的花费获得最大的收益——换取员工的真心。有这样的董事长,这个公司怎么会不兴旺发达呢?

领导的艺术:

员工的忠诚和积极性是企业生存和发展的关键,它是凝聚整个企业组织的黏合剂,使企业赢得员工的信任。所以企业的领导一定要拿出真心,关心每一位员工,从每一件小事做起,收获的效果往往会超出意料。

◎ 让工作成为人们生活中快乐的一部分

在美国俄亥俄州的奈尔斯有一家钢铁公司,生产多种铁制品。多年以来,该公司员工的工作士气非常低,生产效率迟迟上不去。公司总经理心急如焚，每天都板着面孔将员工教训一番。可员工丝毫不理会这一套，依然如故。公司财政很快陷入赤字危机。

危难之际，管理专家大吉姆·丹尼尔走马上任，继任总经理。时间不长，情况就出现转机。丹尼尔没有采取什么特殊的管理方法，他只是在工厂里到处贴上这样的标语："如果你看到一个人没有笑意，请把你的笑容分些给他""任何事情只有做起来兴致勃勃，才能取得成功"。在这些标语的下面都签着一个名字：大吉姆。

丹尼尔还为公司制定了一个特殊的厂徽：一张笑脸。在公司的办公用品上，在工厂的大门上，在厂内的牌板上，甚至在工人的安全帽上都绘有这张笑脸。

丹尼尔自己也总是满面春风，他向人们征询意见，以愉快的声音喊着工人的名字打招呼。全厂2 000多名员工的名字丹尼尔都能叫出来。每次与员工交流，丹尼尔总不忘适时插上一句笑话，活跃氛围。因此，再严肃的话题，到了他那儿也变得十分有趣。再棘手的矛盾，他也能迎刃而解。随着时间的推移，丹尼尔的快乐不再孤独，全厂2 000多名员工都深受感染。他们一改"冷心、冷面"的旧形象，以饱满的热情快乐地工作着。结果，公司没有增加1分钱的管理投资，生产效率却惊人地提高了近80%。

研究一下那些充满快乐的公司,你也能从中找到"快乐激励"的诀窍。

(1)与人们共同分享欢笑,但不要笑话别人。

(2)轻松些,别对自己太严肃。

(3)要笑出声来。

(4)带着幽默去思考问题。

(5)采用娱乐的态度去工作。

(6)计划一次消遣活动。

(7)保持自然的本能。

(8)帮助别人看到事情轻松的一面。

(9)适时搞些恶作剧。如:在化装舞会上穿泳装露面;在服务日,穿上制服为员工倒咖啡,再来上一首歌;在令人乏味的会议上,披上蝙蝠侠的黑色斗篷发表演讲等。

领导的艺术:

不要感到难为情,快乐带来的高效率会告诉你:"哦,这是值得的。"但是,如果管理者对"快乐激励"的理解,仅停在"效益"的层面上,未免太狭隘了。工作不应是人们为生存而付出的代价，相反，它应是人们生活中快乐的一部分。大作家马克·吐温说过："成功的秘诀就是把你所从事的职业变成你的休假。"这才是快乐激励的最高境界。

◎ 你的期望越殷切，期望越可能成真

非洲的一个部落酋长有3个女儿，前两个女儿既聪明又漂亮，都是被人用9头牛做聘礼娶走的。在当地，这是最高规格的聘礼了。第三个女儿到了出嫁年纪的时候，却一直没有人肯出9头牛来娶，原因是她非但不漂亮，还很懒惰。后来一个远乡来的游客听说了这件事，就对酋长说："我愿意用9头牛娶你的女儿。"酋长非常高兴，真的把女儿嫁给了外乡人。

过了几年，酋长去看自己远嫁他乡的三女儿。没想到，女儿能亲自下厨做美味佳肴来款待他，而且从前的丑女孩变成了一个气质超俗的漂亮女人。酋长很震惊。偷偷地问女婿："难道你是巫师吗？你是怎么把她调教成这样的？"酋长的女婿说："我没有调教她，我只是始终坚信你的女儿值

9头牛的价,所以她就一直按照9头牛的标准来做了,就这么简单。"

领导的艺术:

这个故事体现了"罗森塔尔效应"。心理学家罗森塔尔找到了一个学校,向校方提供了一些学生名单,并告诉校方,他们通过一项测试发现,这些学生有很高的天赋,只不过尚未在学习中表现出来。其实,这是从学生的名单中随意抽取出来的几个人。有趣的是,在学年末的测试中,这些学生的成绩的确比其他学生高出很多。研究者认为,这是由于教师期望的影响。由于教师认为这些学生是天才,因而寄予他们更大的期望,在上课时给予他们更多的关注,通过各种方式向他们传达"你很优秀"的信息,学生感受到教师的关注,学习时加倍努力,因而取得了好成绩。这被称为"罗森塔尔效应"或"期待效应"。领导的职责就是把那些平庸的下属激励成超人,让平凡的人做出不平凡的事,而在这个过程中,积极的期望是很重要的。因为对一些人来讲,你说他行,他就真的行,你说他不行,他就真的自暴自弃了。

◎ 对出现频率较高的问题，不应回避

有一位老农的农田中，多年来一直横亘着一块大石头。这块石头碰断了老农的好几把犁头，还弄坏了他的播种机。老农对此无可奈何，巨石成了他种田时挥之不去的心病。

一天，在又一把犁头被打坏之后，想起巨石带来的无尽麻烦，他终于下决心搬走这块巨石。于是，他找来撬棍伸进巨石底下。这时，他却惊讶地发现，石头埋在地里并没有想象的那么深，那么厚，稍一使劲就可以把石头撬起来了。再用大锤打碎，清出地里，老农脑海里闪过多年被巨石困扰的情景，再想到可以更早些把这桩头疼事处理掉，他露出一脸苦笑。

领导的艺术：

对企业出现频率较高的问题，管理者不应回避，而应抓住苗头，及时调查，追根溯源，及时找出解决的途径和办法。如果一再拖延，等到石头弄坏了播种机，那就晚了。

◎ 过去合理的事情，不一定适合今天

美国铁路铁轨的宽度是4.85英尺。为什么？因为美国的铁路是英国铁路设计师设计的，英国铁路就是这么宽。

为什么英国铁路是这么宽？因为英国铁路是由设计有轨电车铁轨的人设计的，英国有轨电车的车轨就是4.85英尺。这个尺寸与马车的车轮距离一样宽，因为设计有轨电车的人原来是造马车的。

为什么马车的车轮距离是4.85英尺？因为古罗马战车由两匹马拉动，而两匹马屁股的宽度就是4.85英尺。

美国航天飞机燃料箱两旁有两个火箭推进器，这些推进器制造完后要由火车运送到火箭发射点，运输途中要经过一些隧道，这些隧道的宽度只比铁轨宽一点点。所以，两个火箭推进器的距离也是4.85英尺。

还有一个例子。

一位年轻有为的炮兵军官上任伊始，到下属部队视察操练情况。他在几个部队发现了相同的情况：在操练中，总有

一名士兵自始至终站在大炮的炮管下面，纹丝不动。军官不解，究其原因，回答：操练条例就是这样要求的。军官回去后反复查阅军事文献，终于发现，长期以来，炮兵的操练条例仍因循非机械化时代的规则。站在炮管下士兵的任务是负责拉住马的缰绳——在那个时代，大炮是由马车运载到前线的——便于在大炮发射后调整由于后坐力产生的距离偏差，减少再次瞄准所需要的时间。现在大炮的自动化和机械化程度很高，已经不再需要这样一个角色了，但操练条例没有及时地调整，因此出现了"不拉马的士兵"。

军官的发现使他获得了国防部的嘉奖。

领导的艺术：

这种现象叫路径依赖，是指人类社会中的技术演进或制度变迁均有类似于物理学中的惯性，即一旦进入某一路径（无论是"好"还是"坏"）就可能对这种路径产生依赖。一旦人们做了某种选择，就好比走上了一条不归之路，惯性的力量会使这一选择不断自我强化，并让你轻易走不出去。有些人在工作时机械地执行制度或惯例，从来没有思考他们制定的原因。时代在变，过去合理的事情并不一定适合今天。如果我们做事时多问几个为什么，就会发现很多被惯性掩盖的问题。

◎ 企业的合并，最重要的是文化合并

当员工之间欲沟通而不能见面时，是用电话留言还是用电子邮件？这在很多人看来似乎不是问题，但在2002年惠普公司兼并康柏公司时，它却成了问题。

原来，惠普的员工都喜欢用电话留言沟通，而康柏的员工则喜欢用电子邮件。当双方合并后，一场争端从此点燃：

原康柏员工即使就坐在其他员工的旁边，也喜欢发电子邮件，这令原惠普员工心里很不舒服："近在咫尺，你干吗不直接交流？"而原惠普员工给对方留言后，如果没有得到及时回复，更是恼火："你怎么这样对待工作？"但原康柏员工同样振振有词："如果我用电话回复，到时候你赖账不承认了，我又没有凭据，说得清吗？"而原惠普员工则反唇相讥："人都是感情动物，你没头没脑张口就要办事，我知道你是谁？再说，我每天接收的电子邮件多着呢，哪有工夫理你？"

孰优孰劣，孰是孰非？

按以前惠普的要求，公司会找第三方检查，要求员工不管身在何处，每天至少听一次语音信箱，否则就要向公司解释。于是惠普员工就有了一个颇为独特的行为习惯：不管到哪个地方，都先找电话接听自己的语音信箱。但惠普员工并不担心对方赖账，因为只要你赖一次账，以后你就会被整个环境所排斥，这就是惠普的文化。而在原康柏，根本就没有语音留言系统，只靠电子邮件，一来二去，迅速快捷，白纸黑字，清清楚楚，但在惠普员工看来这实在"不近人情"。

怎么办？最终，新惠普公司借鉴了原康柏的做法，在不便见面时，以电子邮件为第一沟通手段，避免出现差错。同时公司给原康柏员工也配备了留言系统，但不再监督检查。

领导的艺术：

我们常常把"文化"喊得很响，可除了那些标语口号，对实实在在的细节，我们又关注过多少？但就是这些微不足道的细节，才能真正反映一个企业的文化，决定一次超大规模企业合并的成败。

◎ 怀疑下属有异心，一定要调查取证

《吕氏春秋》中记载着这样一则故事。

孔子周游列国时，被困在陈蔡两国之间，没有饭吃，长达7天只靠吃野菜为生，到了第八天，颜回从外面讨回一些大米为老师孔子煮饭，当饭香扑鼻而来的时候，孔子看见颜回抓了一口饭吃。

饭煮好了，颜回为老师献上饭食。

孔子起身对颜回说："我夜里梦见先父，请你把干净的饭先祭祀给先父吧！"

颜回说："饭是干净的，刚才有烟尘掉在饭里，我已把它都抓来吃了。"

孔子愧想：自己冤枉了学生颜回，尽管话没说出来，但他太相信自己的眼睛，又太相信自己的揣测了，看来眼睛与揣测的心都是靠不住的。

还有一则"邻人疑斧"的例子。

有一个人遗失了一把斧头，他怀疑是邻居偷的，便暗中

观察他的行动，怎么看都觉得他的一举一动像是偷他斧头的人；后来当他在自己家里找到了那把遗失的斧头后，邻居便怎么看也不像是偷他斧头的人了。

领导的艺术：

老板如果总是怀疑经理人有异心，那他就一定能找到"蛛丝马迹"，但是这些"蛛丝马迹"未必是真实的，必须要询问、调查、取证，千万不要因为自己的"疑神疑鬼"而冤枉好人，误会良才。

◎ 珍惜并爱护已有的人才，才是聪慧

战国时代有一个叫田镜的人，他是鲁哀公的近侍，做了很多工作，就是得不到重用。

一天，田镜向鲁哀公提出辞职，并表示："我将不做家鸡，而做天鹅飞去，翱翔天空。"

哀公问何意，田镜答："您天天看到大公鸡，它头顶红冠，拥有文采；脚有锐距，手有武功；面对强敌，奋起抵

抗，有勇有谋；见食物，则唤伴分享，拥有爱心；守夜报时，从不懈怠，拥有诚信。可为美德显矣！但您杀而食之。何以如此？因它近在咫尺，食之如探囊取物。而天鹅展翅高飞千里，您偶遇则爱之有加，并予美食，极为宠爱，因为它来自远方，别无他矣！"说完拂袖而去。

后来，田镜到了燕国任宰相，3年后迎来太平盛世。哀公闻之，感慨万千。

领导的艺术：

人分三等：深晓已有人才的价值，因而珍惜爱护，此为聪慧者；一旦失去，方知其价值，而扼腕痛惜，此为平庸者；已然失去，而仍浑然不觉，此为败亡者。

◎ 人都渴望得到别人的关注

生产部经理耷拉着头来找总经理，他唉声叹气地说："我们的产量和别的厂家简直没法比，员工们连他们分内的任务都完不成，要不要采用开除手段或者加薪奖励？"

总经理沉吟片刻说:"没有不好的员工,只有不好的领导,说好话和说狠话是不起什么作用的,我去看看。"

总经理来到厂房,当时上白班的要下班,夜班就要开始。总经理问出来的工人:"你们今天完成了几件产品?"

"12件。"员工不安地回答。

总经理没有说话,在门口用红色粉笔写下了一个"12",描得粗粗的,赫然醒目,什么都没说就走了。夜班工人们正好看到了,心里想:不就是12件吗?

第二天,白班工人看见门上有个大大的"14",他们也不甘示弱,下班的时候,把他们的生产数量"16"写在门上。部门经理来了,看到门上的数字,欣慰地笑了。因为他明显地感受到了弥漫在厂房里的工作热情。不久,工厂的产量连创新高。

领导的艺术:

人在本性上渴望受到别人的关注,当总经理和工人都开始关注每班的产量时,工人们就下意识地想把自己优秀的一面展示出来。这说明光用薪水是留不住好员工的,你还需要"迎合"人性的需求,为员工创造健康、积极的工作氛围,让他们感受到来自工作的乐趣和活力。

◎ 你跟员工斤斤计较，员工就跟你缺斤少两

一位老板向管理大师诉苦说，他的公司管理极为不善。管理大师应约而往，到公司上下走动了一回，心中便有了底。

管理大师问这位老板："你到菜市场买过菜吗？"

他愣了一下，答道："是的。"

管理大师继续问："你是否注意到，卖菜的人总是习惯缺斤少两呢？"

他回答："是的，是这样。"

"那么，买菜的人是否也习惯讨价还价呢？"

"是的。"他回答。

"那么，"管理大师笑着提醒他，"你是否也习惯用买菜的方式来购买员工的生产力呢？"

他吃了一惊，瞪大眼睛望着管理大师。

最后，管理大师总结说："一方面是你在工资单上跟员工动脑筋，另一方面是员工在工作效率或工作质量上跟你缺

斤少两——也就是说,你和你的员工是同床异梦,这就是公司管理不善的病源之所在啊!"

领导的艺术:

想让员工努力干活,却没有想到自己也应该努力为他们创造良好的工作条件,在这样不对等的条件下,员工是不会那么尽力的。

◎ 公司与员工之间的忠诚,是彼此的

所有的公司都经历过艰难时期,阿姆斯壮也不例外。1987年,经济大萧条时期,他们第一次冻结了工资,希望借此能帮公司度过艰难的一年。

他们的员工们真是了不起。他们毫无怨言地接受了一事实。他们普遍的态度是:公司一直待我不薄,现在是我回报公司的时候了。

几个月以后,人们发现1987年似乎比预想的要好得多。他们决定不仅把原来拖欠的工资补发给大家,还给每个人都

涨工资。仅补发一项每人就有400美元。

阿姆斯壮并没有用支票来支付这笔钱。相反，他们把员工们召集到娱乐厅楼。公司的董事长站在一张盖着白单子的大桌子后面。他说：由于阿姆斯壮的经营比预期的要好，公司决定要和大家一同分享这份好运。

说着，他揭开了单子，每个人都看到桌子上堆满了10美元一张的钞票，总共有12500张之多，足足堆了两英尺高。

员工一个接着一个，每人都走上前与公司的董事长以及公司的经理们握手，听他们说，"感谢你对公司的理解。"然后拿着40张面值10美元一叠的崭新的票子离开。

领导的艺术：

谁说老板与员工永远是处于对立面的。其实有时双方缺乏的只是彼此的诚信和相互的忠诚。当我们都能做到时，还有什么困难不能克服。

CHAPTER 3
使命、愿景、价值观：领导力的三要素

假如你能用行动激发他人梦想得更多,学习得更多,做更多事或者成为更伟大的人,你就是一个领导者。

——美国管理学家 约翰·昆西·亚当斯

你不能靠拍人家头而领导别人,那是侵犯,而不是领导力。

——美国前总统、二战名将 德怀特·艾森豪威尔

◎ 梦想的力量，可以感染每一个人

有人曾问盲人女作家海伦·凯勒："比生来双目失明更可怕的是什么？"

她说："视力正常，却没愿景。"

当亨利·福特在100年前说他的愿景是"使每一个人都拥有一辆汽车时"，你会认为他神经病，但现在的美国社会，他的梦想已经完全的实现。

美国伟大的黑人人权领袖马丁·路德·金在1963年提出"我有一个梦想"的愿景——

我梦想有一天，这个国家会站立起来，真正实现其信条的真谛："我们认为真理是不言而喻，人人生而平等。"

我梦想有一天，在佐治亚的红山上，昔日奴隶的儿子将能够和昔日奴隶主的儿子坐在一起，共叙兄弟情谊。

我梦想有一天，甚至连密西西比州这个正义匿迹，压迫成风，如同沙漠般的地方，也将变成自由和正义的绿洲。

我梦想有一天，我的4个孩子将一个不是以他们的肤色，而是以他们的品格优劣来评价他们的国度里生活。

今天，我有一个梦想。我梦想有一天，亚拉巴马州能够有所转变，尽管该州州长现在仍然满口异议，反对联邦法令，但有朝一日，那里的黑人男孩和女孩将能与白人男孩和女孩情同骨肉，携手并进。

这幅愿景召唤了成千上万的美国人——不论肤色和种族——投入到平权运动之中，改变了美国黑人的命运，也改变了整个美国的发展。

这就是愿景的力量，能够激发人们发自内心的感召力量，激发人们强大的凝聚力和向心力。

世界上，许多成功的企业都有自己的愿景，比如——

阿里巴巴公司："让天下没有难做的生意。"

GE公司："GE永远做世界第一。"

沃尔玛公司："给百姓提供机会，使他们能买到与富人一样的东西。"

华为公司："在电子信息领域实现顾客的梦想，并依靠点点滴滴、锲而不舍的艰苦追求，使我们成为世界级领先企业。"

领导的艺术：

所谓的愿景，是指组织可靠的、真实的、具有吸引力的未来，它代表所有目标努力的方向，能使组织更成功、更美好。伟大的领导者通常擅长以愿景来领导团队，为团队指出一个方向，描绘未来成功后之景象，以激励团队向着愿景前进。愿景代表了一种团队的梦想。这种梦想通常会使人感到不可思议，但又会不由自主地被它的力量所感染。

◎ 共同愿景，让追随者超越个人目标

在一部取材自古罗马奴隶起义的名为《斯巴达克斯》的电影中，主人公斯巴达克斯在公元前71年领导一群奴隶起义，他们两度击败罗马大军，但是在敌军的克拉斯将军长期包围攻击之后，最后斯巴达克斯还是被击败了。

在电影中，克拉斯告诉几千名斯巴达克斯的下属："你们曾经是奴隶，将来还是奴隶。但是罗马军队慈悲为怀，只要你们把斯巴达克斯交给我，就不会受到钉死在十字架上的刑罚。"

在一段长时间的沉默之后，斯巴达克斯站起来说："我是斯巴达克斯。"

然后他隔邻的人站起来说："我才是斯巴达克斯。"

下一个人站起来也说："不，我才是斯巴达克斯。"

在一分钟之内，被俘虏军队里的每一个人都站了起来。

领导的艺术：

这个故事的关键情节在于，每一个站起来的人都选择受死，但是这个部队所忠于的，不是斯巴达克斯个人，而是由斯巴达克斯所激发并灌输给众人的"共同愿景"，即有朝一日可成自由之身。这个愿景是如此让人难以抗拒，以至于没有人愿意放弃它。

◎ 把宏大的使命，分解成小目标

在美国有一个叫罗伯·舒乐的博士，他在自己身无分文的情况下，却立志要在加州建造一座水晶大教堂。这座教堂的预算造价为700万美元。

首先舒乐博士在一张白纸上，写下了这样一张实现自己目标的奇特计划：寻找一笔700万美元的捐款；寻找7笔100万美元的捐款；寻找14笔50万美元的捐款；寻找28笔25万美元的捐款；寻找70笔10万美元的捐款；寻找100笔7万美元的捐款；寻找140笔5万美元的捐款；寻找280笔2.5万美元的捐款；寻找700笔1万美元的捐款。

他将700万美元这个大目标，一次又一次地分割成更小的目标，最后分割到了1万美元。每次募捐1万美元，这个目标实现起来就容易多了。

他就这样开始，1万美元1万美元地募捐，一点一滴地筹集，历经12年，一座最终造价2 000万美元、可容纳1万多人的水晶大教堂竣工了。

这座水晶大教堂成了在世界建筑史上的奇迹和经典，也成了世界各地前往加州的人必去的游览胜景。

领导的艺术：

宏大的使命，必须分解成可实施的小目标，才能被完成。确立的目标越细小、越集中，就越容易取得成功；目标太大、太宽泛，就很容易偏离，最终可能会一事无成。

◎ 无法完成的目标，会让员工放弃努力

美国管理学家做过这样一个实验：

将一只老鼠放进一只四壁可以升降的铁盒子里，然后施以微弱电击，这时老鼠会拼命地跳出来。管理学家随后将盒子四壁升高，然后再施以微弱电击，这时老鼠无论怎样也跳不出来。在历经一番激烈挣扎后，老鼠终于精疲力竭了。这时，管理学家又将盒子四壁降至比第一次还低的高度，然后再施以微弱电击。可这次无论怎样电击，老鼠就是不跳了。

管理学家解释，这是因为老鼠伤透心了。

领导的艺术：

聪明的领导者，总是将目标定在员工只要用力一跳就能企及的高度，否则看似"严格要求"，实际上员工的表现只会比原来更差。员工一旦成为"盒子里的老鼠"，若再想激发他们的热情就难了。

◎ 令出必行，慈不掌兵

《史记》记载：孙武去见吴王阖闾，与他谈论带兵打仗之事，说得头头是道。吴王心想，"纸上谈兵管什么用，让我来考考他。"便出了个难题，让孙武替他训练姬妃宫女。孙武挑选了100个宫女，让吴王的两个宠姬担任队长。

孙武将列队训练的要领讲得清清楚楚，但正式喊口令时，这些女人笑作一堆，乱成一团，谁也不听他的。孙武再次讲解了要领，并要两个队长以身作则。但他一喊口令，宫女们还是满不在乎，两个当队长的宠姬更是笑弯了腰。孙武严厉地说道："这里是演武场，不是王宫；你们现在是军人，不是宫女；我的口令就是军令，不是玩笑。你们不按口令操练，两个队长带头不听指挥，这就是公然违反军法，理当斩首？"说完，便叫武士将两个宠姬杀了。

场上顿时肃静，宫女们吓得谁也不敢出声，当孙武再喊口令时，她们步调整齐，动作划一，真正成了训练有素的军人。孙武派人请吴王来检阅。吴王正为失去两个宠姬而惋惜，没有心思来看宫女操练，只是派人告诉孙武："先生的带兵之道我已领教，由你指挥的军队一定纪律严明，能打胜仗。"孙武没有说什么废话，而是从立信出发，换得了军纪森严、令出必行的效果。

领导的艺术：

慈不掌兵，管理者就应该坚持正确的原则。虽然推行的结果可能是得罪一些高层人士，导致自己的职位不保，但如果你的政策推行不下去那你的前途同样渺茫。

◎ 对"小奸小恶"，要充分重视

美国斯坦福大学的詹巴斗教授曾经进行过一项测试，他找到了两辆一模一样的汽车，把其中的一辆摆在帕罗阿尔托的中产阶级社区，而另一辆车则停在相对杂乱的布朗克斯街区。停在布朗克斯的那一辆。他把车牌摘掉了，并且把顶棚打开。结果这辆车一夜之间就被人偷走了，而放在帕罗阿尔托的那一辆，摆了一个星期也无人问津。后来，詹巴斗用锤子把那辆车的玻璃敲了个大洞。结果呢，仅仅过了几个小时，那辆车就不见了。

以这项试验为基础，政治学家威尔逊和犯罪学家凯琳提出了一个"破窗理论"，认为：如果有人打坏了一个建筑物的窗户玻璃，而这扇窗户又得不到及时的维修，别人就可能受到某些暗示和纵容去打烂更多的窗户玻璃。久而久之，这些窗户玻璃就给人造成一种无序的感觉。结果在这种公众麻木不仁的情况下，犯罪就会滋生、繁荣。

"偷车试验"和"破窗理论"更多的是从犯罪的心理去思考问题，但不管把"破窗理论"用在什么领域，角度不同，道理却相似：环境具有强烈的暗示性和诱导性，必须及时修好"第一扇被打碎玻璃的窗户"。

领导的艺术：

所有领导者都能从"偷车试验"和"破窗理论"中得到启示：（一）警惕"破窗"第一人，打破有序、制造无序之人要公开严惩；（二）对员工中发生的"小奸小恶"行为，要引起充分的重视，小题大做，加重处罚力度，特别是对违犯公司核心理念的行为要严肃查处，绝不姑息养奸；（三）公司要鼓励、奖励"补窗"行为。

◎ 有才华而不守规矩的人，是害群之马

有位哈佛高才生，以其出众的才华被聘为香港以经营股票出名的"享达"公司经理。该人上任后，确实显示了其过人的才华。但也因自负才华，时常不理会董事局的决定。不久，公司狠下决心，将其辞退了。公司此举，在当时香港经营界引发了震动和议论，也乐坏了"享达"的竞争对手，他们马上聘请了这位哈佛高才生。他上任后，自作主张恶习不改，使这家当时与"享达"齐名的公司濒临破产。

另有一例。

长虹彩电调试组有位员工，曾得过四川省百万青年工人技术比武第二名的荣誉。一次上班，他离开岗位外出玩了10分钟电游。此事被公司发现后，按规定给了他除名处理。有人不解，长虹公司老总倪润峰说："今天放他一马，明天就带不好上万长虹人。"

领导的艺术：

　　任何一个企业，都有技术出众、独当一面的人才，他们确实能起到一般员工难以起到的作用。但若任凭他们恃才傲物，不守规矩，成为特殊员工，就会冷落全体员工的心，影响整体战斗力，企业难以成为竞争中的强者。

◎ 清一色的价值观，是企业文化的基础

　　接到A公司王总的电话之后，管理咨询师凡禹犹豫了很久。王总是凡禹的好友，自然不便推托。但A公司的现状确实很棘手，组织结构、管理制度、人力资源、市场营销……问题一大堆，该如何入手呢？

　　因为与A公司接触过几次，对公司的情况有一定的了解，凡禹知道公司决策层的做法竟是邓小平改革之初说过的一句话："摸着石头过河。"就是老总摸石头，员工们也摸石头，手忙脚乱却摸不着石头。所以，凡禹提议必须首先改变操作层面上的混乱状态。

　　凡禹拿出一副扑克牌（牌面上有各种漂亮的图案），把

在场的公司员工分成两组，请A组的每个人从中选取自认为最好看的两张；请B组的每个人选取两张黑桃，并对点数做了明确的要求。最后，请两组人员把牌亮出来。于是出现了下面的结果：

A组：黑桃2、方块A、黑桃8、梅花Q、红桃3……

B组：黑桃A、黑桃K、黑桃Q、黑桃J、黑桃10……

"发现问题了吗？"凡禹问王总。

王总仍然迷惑不解，要凡禹解释。

凡禹说："两组的结果是完全不同的，A组是一副杂牌，B组却是一手黑桃同花顺。为什么会这样呢？这是因为，对于A组我没有明确的指令，所以A组的人都是按照各自不同的审美观念来选牌。我们不必评判他们的选择孰优孰劣，但很显然，他们每个人的做法都是一种个人行为。个人行为与个人行为混合在一起叫什么？叫'乌合之众'。——再看看B组，清一色的同花顺，这才是组织行为，也叫同花顺法则。"

这时，凡禹注意到王总轻轻"喔"了一声。

凡禹继续说道："你能拿一副杂牌去打败对手的同花顺吗？当然不能。所谓'世有三亡'，以邪攻正者亡，以逆攻顺者亡，以乱攻治者亡。如果公司的管理现状不及时改变的话,恕我直言,恐怕会印证'以乱攻治者亡'这句哲言。"

领导的艺术:

故事中提到的"同花顺法则"揭示了组织凝聚力和战斗力的来源——"清一色"的价值观,而这正是企业文化的基础。

◎ 从招聘环节,就灌输企业的价值观

如果你要寻找美国企业中的佼佼者,佛罗里达州的迪士尼乐园,无疑是有史以来最出色的。在忙碌的夏季,一天中最少也有10万人光临迪士尼乐园。乐园在2002年接待了大约2 300万来自世界各地的旅游者,总收入达7.3亿美金。到底是什么吸引了这么多游客,并达到如此高的收入呢?一句话,就是乐园的注册商标"米老鼠"具有不可抗拒的魔力。

如何能够维持这一处装扮出来的景色长盛不衰呢?人们见到的是一座巨大的舞台,但是要使这座舞台真正活跃起来却需要表演,迪士尼公司优于他人之处就是训练其工作人员在这座舞台上进行逼真的表演。

迪士尼公司没有人事部门，招聘工作由演员中心负责，每位新受雇的人员都必须先在华特·迪士尼大学中接受传统方式的培训。迪士尼公司精心安排训练的每一个细节，是要使其工作人员明了，迪士尼乐园首先是一个表演企业。

每天的训练总是以赞扬式的回顾开始，当训练人在班上讲述米老鼠、白雪公主等奇妙的形象时，他是在向新来的人敞开创始人华特·迪士尼有关这座梦幻王国的想象，训练人制造一种气氛，似乎华特本人就在房间里，正欢迎新员工来到他的领地，其目的是使这些新员工感到自己是这位乐园奠基人的合作者，和他共同来创造世界上最美妙的地方。一家大公司向其工作人员灌输本身的价值，恐怕没有比迪士尼乐园更好的办法了。

员工们首先需要学习的是，要对游客友好、客气、彬彬有礼、有求必应。要让他们觉得来到迪士尼乐园的花费是值得的，然后才是学习怎样在生动活泼的表演中充当一名演员。培训本身也是一种演出，或者严格一点说是一种彩排，是由训练人员口传身授的。让每一个人明确他在表演中扮演的角色，在传统的培训方式完成之后，新员工进入乐园实习三天。

员工们必须牢记，从来到大街的那一时刻起，就登上了舞台，就得时时面带笑容，要记住自己所扮演的人物要说的话，记住当人们在"市政大厅"门前时，你要给他们讲些什么，记住你要笑容满面，记住你在帮他们消磨时间，这些都是头等重要的大事。对迪士尼的人员来说，列队通过大街是最长和最苦的差事，但他们的步法、姿势整齐一致，对游客来说实在是一种地道的款待。

迪士尼被称为完美画面里的活动，但这里的一切并非目力所及，迪士尼世界全部舞台实际是在舞台之下，乐园之下是称作地下乐园的隧道网络，设置在这条地下隧道中的是一个控制灯光的计算机中心，一家为工作人员设立的咖啡店和一处藏衣室。每天一早干干净净的戏装提供给演员，由于众多的节目和大量的库存，这里是世界上最大的藏衣室。躲在这谢绝一切游人的地下隧道之中，工作人员可以吸烟、进餐、喝水和化妆，一般也可以像在真实天地中那样自如地行动，然而他们一旦走出隧道，穿过僻静角落中不显眼的门洞进入上面的魔幻王国，他们就再次来到舞台之上，进行人们预期的表演。

收获是显而易见的，这一魔幻王国很快就成了一个童话世界。

时间流逝，但这里仍盛况空前，人们被这里的魔幻气氛所吸引不断涌来，而一旦步入园内就会忘掉忧愁，仿佛真的回到了童年时代。

迪士尼公司成功的秘诀就在于，首先为自己的企业价值进行了准确、清晰的定位，即迪士尼乐园是一家表演公司，为游客提供最高满意度的娱乐和消遣。

如何实施公司这一定位呢？必须依靠员工。公司最终提供给顾客的产品和服务，必须由员工实施。所以迪士尼强调：将企业价值灌输给工作人员。

这种灌输从招聘环节就已经开始了，同时也体现在员工的训练中，就连整个游乐园的设计也充分显示了这一管理思想。迪士尼的目标就是：不惜一切来确保1.9万名工作人员都明白自己角色的信条和重要性，而这些信条又恰好是企业的价值所在。

领导的艺术：

这个案例体现了这样一种思想：企业文化、信仰的贯彻较之于其他方面更为重要，也更为复杂，是有效管理的关键所在。

CHAPTER 4
决策与授权：领导力的双重修炼

世界上破产倒闭的大企业中，85%是因为企业管理者的决策不慎造成的。

——美国兰德公司

在没出现不同意见之前，不做出任何决策。

——美国通用汽车公司总裁　艾尔弗雷德·斯隆

成功的企业领导不仅是授权高手，更是控权高手。

——管理专家　彼特·史坦普

授权就像放风筝，部属能力弱就要收一收，部属能力强就要放一放。

——管理顾问　林正大

◎ 决策不在于英明，而在于能否执行

一群老鼠吃尽了猫的苦头，它们召开全体大会，号召大家贡献智慧，商量对付猫的万全之策，争取一劳永逸地解决事关大家生死存亡的大问题。

众老鼠冥思苦想。有的提议培养猫吃鱼吃鸡的新习惯，有的建议加紧研制毒猫药。最后，还是一个老奸巨猾的老鼠出的主意让大家佩服得五体投地，连呼高明。那就是给猫的脖子上挂上个铃铛，只要猫一动，就有响声，大家就可事先得到警报，躲将起来。

这一决议终于被投票通过，但决策的执行者却始终产生不出来。高薪奖励、颁发荣誉证书等办法一个又一个地提出来，但无论什么高招，好像都无法将这一决策执行下去，至今，老鼠们还在自己的各种媒体上争辩不休，仍经常举行会议。

领导的艺术：

再好的决策，如果不能够去执行，那对于决策来讲是没有意

义的。决策与想法不在于多么英明，而在于能否实行。管理者不仅是个决策者，还应是一个不折不扣的执行者。

◎ 听取意见要民主，拍板决断要独裁

林肯上任后不久，有一次将6个幕僚召集在一起开会。林肯提出了一个重要法案，而幕僚们的看法并不统一，于是7个人便激烈地争论起来。林肯在仔细听取其他6个人的意见后，仍感到自己是正确的。在最后决策的时候，6个幕僚一致反对林肯的意见，但林肯仍固执己见，他说："虽然只有我一个人赞成但我仍要宣布，这个法案通过了。"

表面上看，林肯这种忽视多数人意见的做法似乎过于独断专行。其实，林肯已经仔细地了解了其他6个人的看法并经过深思熟虑，认定自己的方案最为合理。而其他6个人持反对意见，只是一个条件反射，有的人甚至是人云亦云，根本就没有认真考虑过这个方案。既然如此，自然应该力排众议，坚持己见。因为，所谓讨论，无非就是从各种不同的意见中选择出一个最合理的。既然自己是对的，那还有什么犹

豫的呢？

领导的艺术：

在国有企业和行政事业单位中，很多决策都采用"少数服从多数"的原则，这在一些防止个人专权的场合下，是正确的。但是这也给很多不愿意承担决策责任的领导，提供了事后推脱的便利。真正想干一番大事的领导，不要害怕孤立。因为最后的决断，是不能由多数人来做出的。多数人的意见是要听的，但做出决断的，却是一个人。

◎ 决策要考虑综合因素，不能只顾眼前

《梦溪笔谈》记载：海州知府孙冕很有经济头脑，他听说发运使准备在海州设置3个盐场，便坚决反对，并提出了许多理由。后来发运使亲自来海州谈盐场设置之事，还是被孙冕顶了回去。当地百姓拦住孙冕的轿子，向他诉说设置盐场的好处，孙冕道："你们不懂得做长远打算，官家卖盐虽然能获得眼前的利益，但如果盐太多卖不出去，

30年后就会自食恶果了。"然而，孙冕的警告并没有引起人们的重视。

他离任后，海州很快就建起了3个盐场，几十年后，当地刑事案件上升，流寇盗贼、徭役赋税等都比过去大大增多。由于运输、销售不通畅，囤积的盐日益增加，盐场亏损负债很多，许多人都破了产。这时，百姓才开始明白，在这里建盐场确实是个祸患。

领导的艺术：

作为一个企业的经营者，在制定一个经营决策的时候，一定要综合考虑各方面的因素，而不能被一时的利益蒙蔽了眼睛。决策拍脑袋，指挥拍胸脯，失误拍大腿，追查拍屁股。这种"四拍"型领导需要反思了。

◎ 设法让底层员工参与决策

美国通用电气公司是一家集团公司，1981年杰克·韦尔奇接任总裁后，认为公司管理得太多，而领导得太少，"工人们对自己的工作比老板清楚得多，经理们最好不要横加干涉"。

为此，他实行了全员决策制度，使那些平时没有机会互相交流的员工、中层管理人员都能出席决策讨论会。全员决策的开展，打击了公司中官僚主义的弊端，减少了烦琐程序。

全员决策的实行，使公司在经济不景气的情况下取得巨大进展。他本人被誉为全美最优秀的企业家之一。

领导的艺术：

全员决策的好处有：（一）让执行决策的人参与决策的制定过程，有助于决策的执行；（二）让每一个员工都体会到自己是企业的主人，这种尊重感会激励他们愿意为企业的发展出谋划策；（三）有效打击组织中的官僚主义，减少上传下达中的烦琐程序。

◎ 不可盲从大众，因为"集体无意识"

一位石油大亨到天堂去参加会议，一进会议室，发现座无虚席，自己没有地方落座，于是，他灵机一动，喊了一声："地狱里发现石油了！"

这一喊不要紧，天堂里的石油大亨们纷纷向地狱跑去，很快，天堂里就只剩下那位后来的石油大亨了。

这时，大亨心想，大家都跑了过去，莫非地狱里真的发现了石油了？

于是他也急匆匆地向地狱跑去。

领导的艺术：

石油大亨自己撒的谎言，最后连自己也信了。这是很多领导人下意识都会犯的错误。心理学家勒庞在《乌合之众》中描述了"集体无意识"的现象：当民众的热情被领袖人物点燃后，思考就成了领袖一个人的责任。这时如果领袖盲从大众，缺乏判断力的话，那他的决策必将给社会和大众带来不可挽回的损失。

◎ 方向错了，决策就不可能正确

有一天动物园的管理员们发现袋鼠从笼子里跑出来了，

于是开会讨论，一致认为是笼子过矮，从而导致袋鼠从笼子里跳了出来。所以他们决定将笼子的高度由原来的10米加到20米。谁知第二天，他们发现袋鼠依旧跑到外面来，所以他们决定将高度加到30米。

然而，到第三天，袋鼠还是全跑到外面。于是管理员们大为紧张，决定一不做二不休，索性将笼子的高度加到100米："嘿嘿，这下子看你还能不能跳出如来佛的手掌？"

第四天，神了，袋鼠还是从笼子里跑了出来，而且，还与它们的好朋友长颈鹿聊天呢。"你们看，这些人会不会再继续加高你们的笼子呢？"长颈鹿问。

"很难说，"袋鼠说，"如果他们再继续忘记关门的话。"

领导的艺术：

决策就是解决问题。如果方向错了，决策就不可能正确。要找到解决问题的正确方向，就要全面识别问题，这包括9个方面：（一）WHAT。何项工作发生了何问题？（二）WHERE。问题发生在何部门、何岗位、何环节？（三）WHEN。问题发生在何时？首次还是多次？（四）WHO。问题的责任者是谁？（五）

WHY。问题发生的原因是什么？（六）HOW MANY。同类问题有多少？（七）HOW MUCH COST。问题已经造成以及将可能造成多大损失？（八）HOW TO DO。问题如何解决？（九）SAFETY。有无安全隐患，以及解决该问题有无安全注意事项？

◎ 方案太多，反而难以做出好决策

有选择好，选择愈多愈好，这几乎成了人们生活中的常识。但是最近由美国哥伦比亚大学、斯坦福大学共同进行的研究表明：

选项太多反而可能造成负面结果。

科学家们曾经做了一系列实验，其中有一个让一组被测试者在6种巧克力中选择自己想买的，另外一组被测试者在30种巧克力中选择。结果，后一组中有更多人感到所选的巧克力不大好吃，对自己的选择有点后悔。

另一个实验是在加州斯坦福大学附近的一个以食品种类繁多闻名的超市进行的。工作人员在超市里设置了两个果酱摊，一个有6种口味，另一个有24种口味。结果显示有24种口味的摊位吸引的顾客较多：242位经过的客人中，60%会停下试吃；而260个经过6种口味的摊位的客人中，停下试吃的只有40%。不过最终的结果却是出乎意料：在有6种口味的摊位前停下的顾客30%都至少买了一瓶果酱，而在有24种口味摊位前的试吃者中只有3%的人购买果酱。

领导的艺术：

太多的选择容易让人游移不定，拿不准主意，同理，对于管理者，太多的意见也会混淆视听。不要以为越多的人给出越多的意见就是好事。

◎ 欢迎"唱反调"，才能纠正决策的失误

日本著名企业家松下之太郎在一个早上碰头会上，对他的助手及中层管理人员宣布："今天，我要向大家引见几位新同事，这是……"

当他引见完毕，他接着对大家说："他们的职责是：专门对公司决策发表不同意见。这就是说，我要在身边安排几

位'专门唱反调'者。"

松下之太郎接着说:"这样做可以使我及时纠正决策中的失误。"

闻听此言,不少人大惑不解,但经过实践证明,大家最终佩服地说:"这真是企业家的精明一招。"

戴高乐将军文笔优美,又勤于写作,因此,他和智囊团中的重要组成人员——"笔杆子"的关系就很特殊,他需要他们就他指定的题目撰写发言稿和文章。但这些"笔杆子"为他撰写的东西,常常不能为他所用。

有一次,一位智囊为他起草了一份发言稿,自认为十分满意。可当第二天拿到戴高乐批阅过的这份稿子时,他失望了。戴高乐把它改得面目全非。这位智囊判断,这表明戴高乐对自己很不满意,已经面临着被辞之祸,于是尴尬地问:"我是不是还有必要留在总统府工作。"戴高乐淡然一笑说:"当然有必要了!我需要一份讲演稿,为的就是和你唱反调。"戴高乐就以这样的方式,和自己的智囊团进行运筹于帷幄中的较量,来加深和发展自己的思考,来肯定或否定自己的决断,来和自己想象中的论敌或政敌进行争斗。于是,他要求顾问和智囊不断地给他写报告、文件和备忘录。当他面对它们时,他就像面对能言善辩、勤于思考的饱学之士。

戴高乐是个来文必复的总统,他批阅过的文件在第二天一定要退回给作者,在它们的上面留有他对他们的同意、否定、争论或是赞扬。而这些顾问和智囊就会在他简短的指示中找到他们所需要的东西。

领导的艺术:

人非圣贤,孰能无过?而对于自己的过错,自己往往难以察觉。如果有人及时提醒,指出过错,就能够避免失误,这实在是件幸事。凡是有头脑的人,都具有自己的思想,但又不迷信自己的思想,总是在兼听他人的想法之后,来肯定或否定自己的决断,做出自己的结论,所以谁也不敢轻视这种人。

◎ 为避免陷入细节,一定要下放权力

托马斯·怀特将军在谈起领导人的工作重心时说:"关于决策问题,我首先想到的是,当然不一定是最重要的,不能陷入细枝末节……许多人无法做出决策,就是因为他们只

见树木不见森林，把所有的精力都消耗在细节上。

"为避免陷入细节，领导者一定要下放权力，然后接受任何结果；如果某个下属犯了错误，领导者要为此承担责任，要支持下属。"

1957年，时任空军参谋长的怀特将军在美国空军学院发表讲话时，深入阐述了下放权力对于领导人决策的重要性："对不同的人，领导的含义不一样。我不能告诉你们怎样成为领导者，这要靠你们自己去探索。在这方面不存在一个可以使人自动成功的脚手架，但首先要具备成为成功领导者的动机和愿望。"

接下来，怀特将军引用了德国战争部长弗雷舍·冯·哈默斯坦·依考德的名言："我把手下的军官分为4类人：聪明的、勤奋的、懒惰的和愚蠢的。每个军官都具备这4个特征中的两个。那些聪明而勤奋的军官，我让他们在总参谋部工作。聪明而懒惰的军官，命中注定适合在高级指挥岗位任职，因为他们适合处理所有的局面。在某些情况下，愚蠢而懒惰的军官也有用处，但那些愚蠢而勤奋的军官必须立即离开部队。"

怀特将军接着说："我很清楚为什么哈默斯坦要让那些聪明而勤奋的军官到总参谋部工作。我们现在就特别需要这样的人。那些有想象力和智力，能认清困难和形势的本质，不怕艰苦工作的军官，对指挥官特别有价值。"

"但哈默斯坦说聪明而懒惰的军官适合当最高级的指挥官是什么意思呢？关于聪明无须过多讨论，只要指出它意味着智力和经验就行了。如果没有相当可观的经验，没人会走到领导岗位。在我看来，哈默斯坦将军是在一个不同寻常的意义上使用懒惰这个词的。在此，'懒惰'并非通常意义上的懒。毫无疑问，他指的是能将大事和小事区别开来的能力，意思是抓住大事、避免陷入细枝末节。谁要是有了这个本领，就能抓住最重要的事情，次要的事情则交给下属去做。这些下属是他挑选的，是他可以信赖的。这些下属完成所交付的工作，领导者则只管大事，这位聪明而懒惰的领导者承担最终的责任。重大决策由他自己做出，其他事情则由能干的下属完成，他只要结果。哈默斯坦将军所说的这种类型的军官命中注定能当高级指挥官就是这个意思。"

作为参谋长，怀特将军自己就是个聪明的懒人。他靠副官乔治·布朗上校来减轻过重的负荷。例如，如果布朗收到一个文件，里面为参谋长提供了太多的政策选择，布朗就会让参谋人员改写这份文件，使其更简明扼要一些，这样参谋长就能从2个而不是5个政策选择中挑选一个。布朗还要浏览许多送到办公室的文件，为怀特将军做摘要。在正常情况下，参谋长可能要在30~50份摘要表格或信函上签字，这些表格和信函与其他军种有关，或要送出空军。这些材料主要是摘要，但其中的许多文件也相当厚。布朗阅读每一份材料，并在材料上写一两句话，如"里面没问题""参谋部对此无异议"或"无争议"，等等。在布朗的帮助下，怀特办公室里的文件从来不过夜。

领导的艺术：

最高领导，要学会做一个聪明的"懒人"。这一点，怀特将军借用哈默斯坦之口，已经阐述得很清楚了。至于那些聪明的"勤快人"，尽管不适合担任最高指挥官，但是他们对最高指挥官的价值却意义非凡。最糟糕的是勤奋的"蠢蛋"，他们看上去忙忙碌碌，实际上却无所作为，甚至一直在帮倒忙。

◎ 最简单的领导法则：定目标，放权

航空部队从美国陆军独立出来成为美国空军后，首任参谋长是卡尔·斯帕茨将军。斯帕茨将军认为成功的领导就是："我喝我的威士忌，别人把我的工作做好。"

这句话不仅仅是幽默。他的助理副参谋长威廉·麦克凯少将在访谈中提到了斯帕茨将军在决策中下放权力的事例。他提供了一个有关斯帕茨将军的故事，这个故事很有意义，从中我们可以感受到为什么他是如此成功的一位领导：

当时斯帕茨将军是参谋长，万登伯格是副参谋长，我是助理副参谋长。那时我已经相当了解斯帕茨将军。一个星期六的上午，万登伯格不在，我手里有份3页长的文件需要参谋长签字，或我认为需要参谋长签字。因此11点整我拿着文件到斯帕茨将军的办公室，对他说："长官，这份文件需要参谋长签字。"当时我是少将军衔。斯帕茨将军抬起头望着我，说："你不是刚晋升军衔吗？"

我说："是的，长官。"

"谁提拔了你?"

"是你,长官。"

"你认为我到底凭什么提拔你?"

"长官,我不知道。"

"好吧,我来告诉你。我提拔你就是为了让你在这样的文件上签字。这些文件是不是意味着明天早上就要打仗了?"

"不是,长官。"

"那么你来签字。如果你犯了错误,我会原谅你一次。如果再犯,你就会被解除职务。另外,我有事急着要走,11点05分我要见几个朋友,我得走了。你来签字。"

回到办公室,我坐下来仔仔细细把这些文件从头到尾读了3遍,然后才签上字。这是我在这件事上的最后一个心得,如果斯帕茨将军对谁有信心,那么他就会遵循世界上最简单的领导原则,给下属权力,大声说出自己对他们的信任,让他们把事办好。

这种领导风格可能会对一个领导者应有的声誉带来不良影响,斯帕茨将军就遇到这种情况。李梅将军评论说:"依我看,斯帕茨很懒。我一直怀疑斯帕茨所取得的成功都是他手下的人干出来的。不过,让周围的人为他工作,这也证明斯帕茨是个好领导。"斯帕茨将军常常自我标榜是个懒人，总是指使别人工作。斯帕茨将军确立目标，然后说："这就是我们要做的，我不用亲自去做这些事。"

有一次，斯帕茨将军对罗伯特·伊顿准将说："我的成功取决于两点：向下级交代任务，却不告诉他们怎样完成任务，他们应该知道怎样把事干好。"

哈罗德·巴特朗准将评论说："依我看来，我所接触过的高级军官里，斯帕茨将军最善于鼓励下级指挥官的自信。他相信下属。"

罗伯特·威廉少将道：

1944年10月13日夜，我指挥的第一空军师准备对德国北部的阿克莱姆飞机制造厂进行大规模轰炸。10月14日凌晨3点，我在司令部里检查基地周围的天气情况。当时大雾弥漫，能见度几乎为零。一位作战参谋走进来告诉我，斯帕茨将军的电话打到保密室找我。

我拿起电话，斯帕茨将军对我说："鲍伯，你那儿的情况怎么样？"我说糟透了，连出租车都看不到。他接着说道："这是几个月来我们获得的第一个有利于轰炸的天气。我不知道我们什么时候才能再碰到这样好的天气。"当然，我清楚这个情况。但斯帕茨将军继续说道："不过,如果雾太大,飞机无法起飞,我们也没办法。这件事你看着办。"

我对斯帕茨将军说,我会让我们师的飞机全部起飞,用在起飞中没坠毁的飞机轰炸阿克莱姆。我们的飞行员干得非常漂亮,几百架B-17型轰炸机成功地升空,没有一个发生致命的事故。对阿克莱姆的这次轰炸行动非常成功。我提起这件事,是因为我觉得斯帕茨将军处理这个局面的方式是优秀领导的经典范例。如果他命令我一定要坚持行动计划,我可能会想方设法辩解说没法完成任务。然而,如果他让我做决定,除了坚持行动计划,我还能干什么呢?

领导的艺术:

曾任美国国防部长的乔治·马歇尔说:"如果你的下属没有做好工作,那是因为你没有很好地组织他们。"领导人的意图就是预期行动的最终结果,它是组织目标的简明表述,是统一下属行动的纲领,其目的是使下属把注意力放在最终结果上,使之把注意力放在为取得胜利所必须完成的任务上。

◎ 发现贤能之士，然后授以权柄

刘邦在分析自己得天下而项羽失天下的原因时说：

"运筹帷幄之中，决胜千里之外，我不如张良；治理国家，安抚百姓，调集军粮，使运输军粮的道路畅通无阻，我不如萧何；联络百万大军，战必胜、攻必取，我不如韩信。此三人皆人杰也，我能用之，这就是我能得天下的原因。而项羽他只有一个谋士范增，还极不信任他，不能任用，把他气跑了，这就是项羽失天下的原因。"

刘邦的这一番话，道出了当领导成大事的真谛，流传后世，成为千古名句。

领导的艺术：

领导者若善于发现贤能之士而授以权柄，使之各负其责、各尽其职，就会成就事业。若不能识才任能，不信任、不重用人才而且对其束手束脚，势必要将事业越做越砸。

◎ 授权又不失权的 6 个秘诀

领导者若控制的范围过大，触角伸得太远，就难以驾驭。如何做到既授权又不失控呢？下面几点颇为重要。

一是评估风险。每次授权前，领导者都应评估它的风险。如果可能产生的弊害大大超过可能带来的收益，那就不予授权。如果可能产生的问题是由于领导者本身原因所致，则应主动矫正自己的行为。当然，领导者不应一味追求平衡保险而像小脚女人那样走路。一般来说，任何一项授权的潜在收益都和潜在风险并存，且成正比例。风险越大，收益也越大。

二是授予"任务的内容"，不干涉"具体的做法"。授权时重点应放在要完成的工作内容上。无须告诉完成任务的方法或细节，这可由下级人员自己来发挥。

三是建立信任感。如果下属不愿接受授予的工作，很可能是对领导者不够信任。所以，领导者就要消除下属的疑虑和恐惧，适当表扬下属取得的成绩。另外，要着重强调：关心下属的成长是领导者的一项主要职责。

四是进行合理的检查。检查有以下作用：指导、鼓励和控制。需要检查的程度决定于两方面：一方面是授权任务的复杂程度；另一方面是被授权下属的能力。领导者可以通过评价下属的成绩，要求下属写进度报告。关键时刻可同下属研究讨论等。

五是学会分配"讨厌"的工作。分配那些枯燥无味的或人们不愿意干的工作时，领导者应开诚布公地讲明工作性质，公平地分配繁重的工作，但不必讲好话道歉，要使下属懂得工作就是工作，不是娱乐游戏。

六是尽量减少反向授权。部下将自己应该完成的工作交给领导者去做，叫反向授权，或者叫倒授权。发生反向授权的原因一般是：下属不愿冒风险，怕挨批评，缺乏信心，或者由于领导者本身"来者不拒"。除去特殊情况，领导者不能允许反向授权。解决反向授权的最好办法是在同下级谈工作时，让其把困难想得多一些、细一些。必要时，领导者要帮助部下提出解决问题的方案。

领导的艺术：

适当授权，将一些管理协调工作移交给下属，是管理者必备的技能。

◎ 事后控制不如事前控制

魏文侯问名医扁鹊说:"你们家兄弟三人,都精于医术,到底哪一位医术最好呢?"

扁鹊说:"大哥最好,二哥次之,我最差。"

文侯再问:"那么为什么你最出名呢?"

扁鹊答:"我大哥治病,是治病于病情发作之前。由于一般人不知道他事先能铲除病因,所以他的名气无法传出去,只有我们家里的人才知道。我二哥治病,是治病于病情刚刚发作之时。一般人以为他只能治轻微的小病,所以他只在我们的村子里才小有名气。而我扁鹊治病,是治病于病情严重之时。一般人看见的都是我在经脉上穿针管来放血、在皮肤上敷药等大手术,所以他们以为我的医术最高明,因此名气响遍全国。"

文侯连连点头称道:"你说得好极了。"

领导的艺术：

事后控制不如事中控制，事中控制不如事前控制，可惜大多数的事业经营者均未能认识到这一点，等到错误的决策造成了重大的损失才寻求弥补。弥补得好，当然是声名鹊起，但更多的时候是亡羊补牢，为时已晚。

◎ 管理卓越的企业，没有传奇

有位客人到某人家里做客，看见主人家的灶上烟囱是直的，旁边又有很多木材。

客人告诉主人，烟囱要改曲，木材须移去，否则将来可能会有火灾，主人听了没有做任何表示。

不久主人家里果然失火，四周的邻居赶紧跑来救火，最后火被扑灭了，于是主人烹羊宰牛，宴请四邻，以酬谢他们救火的功劳，但是并没有请当初建议他将木材移走、烟囱改曲的人。

有人对主人说："如果当初听了那位先生的话，今天也不用准备筵席，而且没有火灾的损失，现在论功行赏，原先给你建议的人没有被感恩,而救火的人却是座上客,真是很奇怪的事呢!"

主人顿时省悟,赶紧去邀请当初给予建议的那个客人来吃酒。

领导的艺术:

预防重于救火。企业领导人,其实是企业问题的预防者,而不是足以摆平或解决企业经营过程中的各种棘手问题的人。管理学家说:"卓越的企业没有传奇。"这句话的意思也在于此:卓越的企业,能预防重大的过错,或者能在错误发生的开始阶段就进行纠正,因而业绩不会有跌宕起伏的大波动。而其他的企业,经常出现挽狂澜于既倒的情景,旁观者看着刺激,犹如传奇,实则是管理不善的结果。

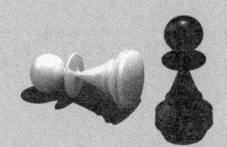

CHAPTER 5

选人、育人、用人：领导力的三手段

把我们顶尖的20个人才挖走,那么我告诉你,微软会变成一家无足轻重的公司。

——比尔·盖茨

将合适的人请上车,不合适的人请下车。

——美国管理学家　詹姆斯·柯林斯

◎ 1位出色人才，可顶50名平庸员工

有个希腊商人外出做生意，雇了个土耳其籍的名士保护他。商人不是付给他一般人的工资，而是付给他名士的费用，真是雇了个贵保镖！因为要付的费用如此多，以至于希腊商人也有了怨言。后来3个普通的土耳其人，向商人提出要共同保护他。他们的报酬总价只相当于名士的一半，商人仔细斟酌后，和他们把事谈妥了。名士得到这一消息，并不以为然。

商人家里开宴会，名士和往常一样去赴宴。尽管他已清楚商人的打算，但外表却没有丝毫的不满。

"朋友，"他对商人说，"我听说你要和我分手，理由竟然只是我的酬劳太高了！我现在对你讲一个故事。

"有个牧羊人养了一只食量非常大的狗。有人劝他说这只狗究竟能做什么，还不如把它送给村里的财主老爷。牧羊人听信了这话，觉得养三只小狗开支要省得多，在看守羊群方面还可能比单独一只狗要更好些。此时的牧羊人没有考虑

到和狼搏斗时牧羊狗能以一抵三！牧羊人终于把牧羊狗送了人，换回三只小狗。他的开销是小了，但狼来了的时候这三只狗却溜了。羊群对这一点深有感受。

"我想你也做出如那个牧羊人一般愚蠢的决定，我的朋友！"

希腊商人觉得名士的话很有道理，于是继续留用了他。

上面这个故事中的道理，还有个现实的"乔布斯"版。

"苹果教父"乔布斯以为，一位出色的人才可顶50名平庸员工。在担任首席执行官期间，乔布斯大约把四分之一的时间都用于招募人才。

乔布斯一直在努力寻找不同领域的优秀人才。他一生面试过5000多人，然而真正被他看中的人并不多。一旦他认为某个人非常重要的话，他就会千方百计地邀请对方加入。

某个星期五的晚上，非常优秀的程序设计员布鲁斯·霍恩接到了乔布斯的电话："布鲁斯，我是乔布斯，你觉得苹果怎样？"

"非常棒！但是很抱歉，我已经接受了其他公司的工作。"布鲁斯道。

"别管它！明早你来我们公司，我们有很多东西给你看。就在早上9点，你一定要来！"

当时，布鲁斯刚刚接受了另一家公司的聘请，所以他并未认真对待乔布斯的邀请。他心里想的是：乔布斯或许只是心血来潮，但我应该去一趟苹果公司，应付一下，然后坚定地告诉他，我不能毁约。

但是，第二天乔布斯的表现彻底改变了布鲁斯的初衷。乔布斯召集了麦金塔电脑小组的每个人，包括安迪、罗德·霍尔特、杰里·默罗克以及其他软件工程师。在乔布斯的带领下，他们进行了整整两天的演示，将各种不同设计的绘图以及市场营销计划展示在布鲁斯眼前。布鲁斯彻彻底底被征服了。因为，这些计划让布鲁斯非常感兴趣，他从中看到了自己梦寐以求的未来。星期一一大早，布鲁斯就打电话给之前他想去的那家公司说他改变主意了。

乔布斯认为一个团队里最大的敌人就是"笨蛋"。苹果是一家充满活力的公司，他的员工个个精神饱满，精明强干，他无法容忍一个"笨蛋"影响公司生机勃勃的面貌。一旦他发现不合格者，就会立即开除他。在这一点上他绝不手软，虽然他并不喜欢干这件事，但是他必须这样做。苹果公司永远是精英的天下，在苛刻的乔布斯手下，弱者没有立足之地。

领导的艺术：

与其招一堆才能平庸而工资不高的人，还不如聘请一个能力强，但是薪资要求高的人。能寻找到一次就把事做对的人，将是最便宜的投资。

◎ 拉拢与震慑：统御下属的一种手腕

冯异是刘秀手下的一员战将，他不仅英勇善战，而且忠心耿耿，品德高尚。当刘秀转战河北时，屡遭困厄，在一次行军途中，弹尽粮绝，饥寒交迫，是冯异送上仅有的豆粥麦饭，才使刘秀摆脱困境。冯异治军有方，为人谦逊，每当诸位将军相聚，各自夸耀功劳时，他总是一个人独避大树之下，因此，人们称他为"大树将军"。

冯异长期转战于河北、关中，甚得民心，成为刘秀政权的西北屏障。这自然引起同僚的妒忌，一个名叫宋嵩的使臣曾前后四次上书，诋毁冯异，说他控制关中，擅杀官吏，威权至重，百姓归心，都称他为"咸阳王"。

冯异对自己久握兵权，远离朝廷，也不大心安，担心被刘秀猜忌，于是一再上书，请求回到洛阳。刘秀对冯异的确也不大放心，可西北地区又离不开冯异。为了解除冯异的顾虑，刘秀便把宋嵩告发他的密信送给冯异。

这一招的确高明，既可解释为对冯异深信不疑，又暗示了朝廷早有戒备。恩威并用，这一招使冯异连忙上书自陈忠心。刘秀这才回书道："将军之于我，从公义上讲是君臣，从私义上讲如父子，我还会对你猜忌吗，你又何必担心呢？"

领导的艺术：

刘秀对告密信的处理，只做出一种姿态，表示不疑罢了，而真正的目的，是给冯异一个暗示：我已经注视你了，你不要轻举妄动。这既是拉拢，又是震慑，一箭双雕，手腕可谓高明。

◎ 留出空间让下属树立自己的威信

历史上独揽大权的丞相高欢临死前，把他儿子高澄叫到床前，谈了许多辅助儿子成就霸业的人事安排，特别提出当朝唯一能和心腹大臣相抗衡的人才慕容绍宗。说："我故不贵之，留以遗汝。"当父亲的故意唱白脸，做恶人，不提拔这个对高家极有用处的良才，目的是把好事留给儿子去做。

高澄继位后，照既定方针办，给慕容绍宗高官厚禄，人情自然是儿子的，慕容绍宗感谢的是高澄，顺理成章地成了高澄麾下的重臣。

没过几年，高澄利用丞相之位辅佐自己的兄弟高洋登基成了北齐开国皇帝。

这是父子连档，红白脸相契，成就大事之例。

领导的艺术：

在现代社会，父子兄弟同在一个组织打拼的情形比较少见，但是高欢的做法仍是值得借鉴的。领导要留出空间，让自己的亲信和骨干人员有机会树立自己的威信，以便团结更多的人去实现组织的使命和目标。

◎ 有明确的分工，才能各司其职

小宏明天就要参加小学毕业典礼了，怎么也得精神点。为了把这一美好时光留在记忆之中，他高高兴兴上街买了条裤子，只可惜裤子长了两寸。吃晚饭的时候，趁奶奶、妈妈和嫂子都在场，小宏把裤子长两寸的问题说了一下，饭桌上大家都没有反应。饭后大家都去忙自己的事情，这件事情就没有再被提起。

妈妈睡得比较晚，临睡前想起儿子明天要穿的裤子长了两寸，于是就悄悄地把裤子裁好叠好放回原处。半夜里，狂风大作，窗户"哐"的一声关上把嫂子惊醒，猛然醒悟到小叔子裤子长了两寸，自己辈分最小，怎么也得是自己去做了，于是披衣起床将裤子处理好又安然入睡。老奶奶觉轻，每天一大早醒来给小孙子做早饭上学，趁水未开的时候也想起孙子的裤子长了两寸，马上快刀斩乱麻。

最后小宏只好穿着短四寸的裤子去参加毕业典礼了。

领导的艺术：

一个团队仅有良好的愿望和热情是不够的，要积极引导并靠明确的规则来分工协作，这样才能各司其职，把该办的事情办好。管理一个项目如此，管理一个部门也是如此。

◎ 有一技之长的人，关键时刻能派上用场

《淮南子·道应训》记载，楚将子发爱结交有一技之长的人，并把他们招揽到麾下。有个其貌不扬，号称"神偷"的人，也被子发待为上宾。有一次，齐国进犯楚国，子发率军迎敌。交战三次，楚军三次败北。子发旗下不乏智谋之士、勇悍之将，但在强大的齐军面前，简直无计可施了。

这时神偷请战。他在夜幕的掩护下，将齐军主帅的睡帐偷了回来。第二天，子发派使者将睡帐送还给齐军主帅，并对他说："我们出去打柴的士兵捡到您的睡帐，特地赶来奉还。"当天晚上，神偷又去将齐军主帅的枕头偷来，再由子发派人送还。第三天晚上，神偷连齐军主帅头上的发簪都偷来了，子发照样派人送还。齐军上下听说此事，甚为恐惧。

主帅惊骇地对幕僚说："如果再不撤退，恐怕子发要派人来取我的人头了。"于是，齐军不战而退。

领导的艺术：

  一个团队总是需要各式各样的人才。一个领导人是否成功不在于他自己能做多少事，而在于他能否清楚地了解每个下属的优缺点，然后在适当的时候派员工去做他们适合干的事。

◎ 辞退问题员工，必须痛下决心

  美国国际管理顾问公司老板麦科马克对"炒鱿鱼"颇有研究。

  有一次他发现一个员工打算跳槽，而且计划将所能带走的东西通通带走，包括客户档案以及任何他可能经手的机密情报。麦科马克知道他对公司有一种报复的心理，一旦被解雇，将会不惜一切手段来打击公司。于是麦科马克先后花了两个星期左右的时间设法保护公司，然后派他到底特律出差一天。当他离开时，公司就把所有的锁通通换新，把他的档案及记录拿走，等他出差回来，立刻请他走。

领导的艺术：

也许解雇对你来说，是件难以痛下决心的事，但这却是你必须做好的事。效率低下的员工必须要开除，你的同情心只能表现在为他们积极寻找新的工作上。

◎ 成功欲望强的人，可以大胆任用

1860年林肯当选为总统。他任命参议员萨蒙·蔡斯为财政部长。

许多人反对这一任命。因为蔡斯虽然能干，但十分狂妄自大，他本想入主白宫，却输给了林肯，他认为自己比林肯要强得多，对林肯也非常不满，并且一如既往地追求总统职位。

林肯对关心他的朋友们说：

"你们一定知道什么是马蝇了。有一次，我和我兄弟在肯塔基老家犁玉米地，我吆马，他扶犁。这匹马很赖，但有一段时间它却在地里跑得飞快，连我这双长腿都差点跟不上。到了地头,我发现有一只很大的马蝇叮在它身上,我随手就把马蝇打落了。我兄弟问我为什么要打落它,我说我不忍心看着这匹马被咬。我兄弟说:'哎呀,正是这家伙才使马跑得快嘛。'"

然后,林肯说:"如果现在有一只叫'总统欲'的马蝇正叮着蔡斯先生,那么只要它能让蔡斯和他的那些部下不停地跑,我就不想去打落它。"

领导的艺术:

有时并非听话的手下就能办好事,对于有的"刺头",利用他们身上的"马蝇",往往也会取得意想不到的好结果。

◎ 允许员工内部跳槽,可以发现干将

有一天晚上,索尼董事长盛田昭夫按照惯例走进员工餐厅与员工一起就餐、聊天。他多年来一直保持着这个习惯,以培养员工的合作意识和与他们的良好关系。

这天,盛田昭夫忽然发现一位年轻员工郁郁寡欢,满

腹心事，闷头吃饭，谁也不理。于是，盛田昭夫就主动坐到这名员工对面，与他攀谈。几杯酒下肚之后，这个员工终于开口了："我毕业于东京大学，有一份待遇十分优厚的工作。进入索尼之前，对索尼公司崇拜得发狂。当时，我认为我进入索尼，是我一生的最佳选择。但是，现在才发现，我不是在为索尼工作，而是在为科长干活。坦率地说，我这位科长是个无能之辈，更可悲的是，我所有的行动与建议都得科长批准。我自己的一些小发明与改进，科长不仅不支持，不解释，还挖苦我癞蛤蟆想吃天鹅肉，有野心。对我来说，这名科长就是索尼。我十分泄气，心灰意冷。这就是索尼？这就是我的索尼？我居然放弃了那份优厚的工作来到这种地方！"

这番话令盛田昭夫十分震惊，他想，类似的问题在公司内部员工中恐怕不少，管理者应该关心他们的苦恼，了解他们的处境，不能堵塞他们的上进之路，于是产生了改革人事管理制度的想法。之后，索尼公司开始每周出版一次内部小报，刊登公司各部门的"求人广告"，员工可以自由而秘密地前去应聘，他们的上司无权阻止。另外，索尼原则上每隔两年就让员工调换一次工作，特别是对于那些精力旺盛，干劲十足的人才，不是让他们被动地等待工作，而是主动地给他们施展才能的机会。在索尼公司实行内部招聘制度以后，有能力的人才大多能找到自己较中意的岗位，而且人力资源部门可以发现那些"流出"人才的上司所存在的问题。

领导的艺术：

　　一个单位，如果真的要用人所长，就不要担心职员对岗位挑三拣四。只要他们能干好，尽管让他们去争。争的人越多，相信也干得越好。

◎ 千里马派错用场，效果不如驴

　　有一匹千里马，牙齿长齐了，到了可以服役的年龄，拉着装盐的车子爬太行山。累得马蹄僵直，膝盖弯曲，汗多得使马尾下垂，皮肤如溃烂一样，口鼻中流出的白沫洒满地上，浑身淌着雨水般的白汗，在山坡上吃力地挣扎着，荆条不断地抽打着它的脊背也拉不上去。

　　这时，伯乐看到了，他下车牵着千里马，禁不住哭了起来，并把自己的衣服脱下来给马披上。

于是，千里马低下头来喷吐了一口气，仰起头高声长鸣，那声音直冲云霄，发出了像金石般的音响。因为它碰见了伯乐这样的知己。

领导的艺术：

千里马的特长，是奔驰绝尘，日行千里，却不见得会负重拉车。知才善用，才不会埋没自己和他人的才能。

◎ 知人善任的名声，能吸引人才加盟

燕昭王一心想招揽人才，而更多的人认为燕昭王仅仅是叶公好龙，不是真的求贤若渴。于是，燕昭王始终寻觅不到治国安邦的英才，整天闷闷不乐。

后来有个智者郭隗给燕昭王讲述了一个故事，大意是：有一国君愿意出千两黄金去购买千里马，然而时间过去了3年，始终没有买到，又过去了3个月，好不容易发现了一匹千里马，当国君派手下带着大量黄金去购买千里马的时候，

马已经死了。可被派出去买马的人却用五百两黄金买来一匹死了的千里马。国君生气地说:"我要的是活马,你怎么花这么多钱弄一匹死马来呢?"

国君的手下说:"你舍得花五百两黄金买死马,更何况活马呢?我们这一举动必然会引来天下人为你提供活马。"果然,没过几天,就有人送来了三匹千里马。

郭隗又说:"你要招揽人才,首先要从招纳我郭隗开始,像我郭隗这种才疏学浅的人都能被国君采用,那些比我本事更强的人,必然会闻风而来。"

燕昭王采纳了郭隗的建议,拜郭隗为师,为他建造了宫殿,后来没多久就引发了"士争凑燕"的局面。投奔而来的有魏国的军事家乐毅,有齐国的阴阳家邹衍,还有赵国的游说家剧辛等。落后的燕国一下子便人才济济了。从此以后,一个内乱外患、满目疮痍的弱国,逐渐成为一个富裕兴旺的强国。接着,燕昭王又兴兵报仇,将齐国打得只剩下两座小城。

领导的艺术:

得人才者得天下,失人才者失天下。"唯才是举""知人善任"的名声一旦传播出去,天下的贤才就会蜂拥而至。同样,一旦"妒贤嫉能""唯我独尊"的名声传播出去，就给了小人唱戏的舞台，而真正的能人会扬长而去。

◎ 组织的目的，在于用人之长

在一次宴会上，唐太宗对王珪说："你善于鉴别人才，尤其善于评论。你不妨从房玄龄等人开始，都一一做些评论，评一下他们的优缺点，同时和他们互相比较一下，你在哪些方面比他们优秀？"

王珪说："孜孜不倦地办公，一心为国操劳，凡所知道的事没有不尽心尽力去做，在这方面我比不上房玄龄。常常留心于向皇上直言建议，认为皇上能力德行比不上尧舜很丢面子，这方面我比不上魏征。文武全才，既可以在外带兵打仗做将军，又可以进入朝廷搞管理担任宰相，在这方面我比不上李靖。向皇上报告国家公务，详细明了，宣布皇上的命令或者转达下属官员的汇报，能坚持做到公平公正，在这方面我不如温彦博。处理繁重的事务，解决难题，办事井井有条，这方面我也比不上戴胄。至于批评贪官污吏，表扬清正廉洁，疾恶如仇，好善喜乐，这方面比起几位能人来说，我也有一日之长。"

唐太宗非常赞同他的话，而大臣们也认为王珪完全道出了他们的心声，都说这些评论是正确的。

领导的艺术：

人的十个指头各有长短，但却能形成一双巧手，完成无比复杂的任务。企业的发展也是如此，需要各种不同类型的人才，把他们的长处发挥出来，而让他们的缺点相互抵消，这正是组织的目的。

◎ 把合适的人，摆在合适的位置

时任中国对外经济贸易合作部部长的龙永图在中国入世谈判时曾选过一位秘书。当龙永图选该人当秘书时，全场哗然，因为这个人根本不适合当秘书。

在众人眼中，秘书都是勤勤恳恳、少言少语的，讲话很少，做事谨慎，对领导体贴入微。但是龙永图选的秘书，处事完全不一样。他是一个大大咧咧的人，从来不会照顾人。每次龙永图和他出国，都是龙永图走到他房间里说，请你起来，到点了。对于日程安排，他有时甚至不如龙永图清楚，原本9点的活动，他却说9∶30，经过核查，十有九次他是错的。

但为什么龙永图会选他当秘书呢？因为龙永图是在其谈判最困难的时候选他当秘书的。当时由于谈判的压力大，龙永图的脾气也很大，有时候和外国人拍桌子，回来以后一句话也不说。每次龙永图回到房间后，其他人都不愿自讨没趣到他房间里来。唯有那位秘书，每次不敲门就大大咧咧走进来，坐到龙永图的房间就跷起腿，说他今天听到什么了，还说龙永图某句话讲得不一定对，等等，而且他从来不叫龙永图为龙部长，都是"老龙"，或者是"永图"。他还经常出一些馊主意，被龙永图骂得一塌糊涂，但他最大的优点就是禁骂。无论怎么骂，他5分钟以后又回来了，哎呀，永图，你刚才那个说法不太对。

这位秘书是个学者型的人物，他对很多事情不敏感，人家对他的批评他也不敏感，但是他是世贸专家，他对世贸问题简直像着迷一样，所以在龙永图脾气非常暴躁的情况下，在龙永图当时难以听到不同声音的情况下，有那位禁骂的秘书对龙永图就显得分外重要了。

世贸谈判成功以后，龙永图的脾气好多了，稀里糊涂的秘书已不再适合龙永图的"胃口"，于是龙永图很快把他送走了。

领导的艺术：

一位卓越的领导，非常清楚什么时候什么人最适合什么工作，什么时候该用什么人，什么时候不该用什么人。管理者的任务，就是找到合适的人，然后摆在合适的地方，鼓励他做好一件事。

◎ 换个角度看人才，价值也不一样

在一次工商界聚会中，几位老板谈起了自己的经营心得。

其中一位说："我有3个不成才的员工，准备找机会将他们炒掉，一个整天嫌这嫌那，专门吹毛求疵；一个杞人忧天，老是害怕工厂有事；还有一个经常不上班，整天在外面闲荡鬼混。"

另一位老板听后想了想，说："既然这样，你就把这3个人让给我吧！"

这3个人第二天到新公司报到，新的老板开始分配工作：喜欢吹毛求疵的人负责管理产品质量；害怕出事的人负责安全保卫及保安系统管理；喜欢外出的人负责商品宣传，整天在外面跑来跑去。

3个人一听职务的分配和自己的个性相符，不禁大为兴奋，兴冲冲地走马上任。过了一段时间，因为这3个人卖力工作，居然使工厂的绩效直线上升，生意蒸蒸日上。

领导的艺术：

一个人是否有用，很多时候取决于你看待他的角度，换个角度，人才的价值也不一样。一个内向保守的人，在销售岗位上，可能就不堪大用，但是如果放在研发、行政、财务之类的岗位上，就可能很称职。

◎ 不能发现一流人才的人，自己也非一流

楚庄王主持朝会处理政事很晚才结束。樊姬走下台阶迎接他，说："为什么这么晚才结束，不饥饿疲倦吗？"

庄王说："今天听到忠诚贤明臣子的进谏，不觉得饥饿疲倦。"

樊姬说："大王您所指的忠贤大臣，是诸侯国中的宾客呢，还是国人中的哪一位？"

庄王说："就是虞丘子。"

樊姬听后掩住嘴巴笑。庄王说："你为什么笑呢？"

樊姬说："我侍奉大王，主管沐浴，执掌梳洗工具，整理卧席，已有11年了，然而我总是派人到齐国、郑国选拔美女进献给大王。现在，与我地位同等的有10人，比我贤明的有两人。我难道就不想独享大王的爱宠吗？我是不敢以个人的欲望来遮蔽她人的美好啊。我想要大王见得多更能识辨人。现在虞丘子辅佐大王多年了，没有见过他举荐贤明的人和贬掉无能的人，怎能称得上是忠贤呢？"

庄王第二天朝会时,将樊姬的话说给虞丘子听,虞丘子离座起立,向楚庄王举荐孙叔敖。孙叔敖治理楚国3年,楚国就成为霸主。楚国史官执笔在简策上记下:"楚国之所以成为霸主,是樊姬出了力啊。"

领导的艺术:

樊姬虽处后宫,但却能对虞丘子做出如此深刻的评价!看来她能受到庄王11年的宠爱,绝非因自己貌美,或者进献美女这般简单啊。正像她所言:不能发现、举荐一流人才的人,自己就不能算是一流人才。

◎ 培训下属,可以不拘一格

日本的一家百货公司因为扒手太多,损失很大。于是经理就发动大家都来想办法解决这个问题。

这样一来,就有很多人提出增设监视人员、多装电视摄像机等主意。显然这些都是老套路,经理觉得都难满意。因为他知道,这些办法其他地方都在用,但效果不甚理想。

后来经理就去找一位顾问商量。那位顾问一听就说："这好办,把扒手们雇用进来就行了。"经理一听还以为是自己听错了,经过那位顾问解释之后,他才高兴地说："不错不错,那我们就来试试吧?"

经理回到公司里,对此事只字不提。只是告诉下属:"有情报说某盗窃集团正在打我们公司的主意,大家要特别注意。"

没过几天,店员中就出现了这样的对话:

"昨天我们在柜台上抓住了两个扒手,已经送到经理那儿去了。"

"哎呀?你们柜台上也有?我们在柜台上也抓了一个呢。"

这话在公司里一传开,所有柜台上的营业员都百倍地警惕起来,大家都张着老鹰抓小鸡的眼睛严密监视,结果许多柜台都抓到了扒手。

这时那位受雇用的盗窃集团的头头来找经理。"经理先生,不行了哟?店员们监视越来越严,已经完全没有办法下手了。我请求把这场扒窃游戏结束吧。"

原来,那位顾问出的主意是:雇请盗窃集团来店里扒东西。并同他们约定:扒了东西要交回,交换条件是抓住了不送警察局，而且还给予一定的报酬。

"雇用扒手治扒手"，这种特别的训练方法使得全体店员练就了一双火眼金睛，个个成了抓贼高手，扒手也就给治住了。

领导的艺术：

训练部属的能力，不能仅仅有按部就班的课堂培训，也不能让他们在实践中慢慢积累，而应不拘一格，提高实践的难度和意外"事件"出现的频率，以提高员工的应变能力和解决问题的能力，加快人才成长的速度。

CHAPTER 6
奖励、惩罚、激励,是领导力的三原则

我们讲究实绩、注重实效，却往往奖励了那些专会做表面文章、投机取巧的人。

——管理专家　米契尔·拉伯福

不能搞平均主义，平均主义会惩罚表现好的，鼓励表现差的，得来的只是一支坏的职工队伍。

——管理学者　史蒂格

如果强调什么，你就检查什么；你不检查，就等于不重视。

——IBM公司前总裁　郭士纳

◎ 领导威信就是"有功必赏、有过必罚"

《商君书》记载,商鞅准备在秦国变法,制定了新的法律。为了使百姓相信新法是能够坚决执行的,他便在京城南门口竖了一根大木头,对围观者说:"谁要能将这跟木头从南门搬到北门,就赏他50两银子。"

大多数人都不相信有这等好事,恐怕商鞅的许诺不能兑现。

就在大家犹豫不决时,有一个人却扛起木头,从南门一直走到北门,商鞅当场兑现,赏给他50两银子。

这样一来,人们都相信商鞅说话是算数的,在推行他所立的新法的时候人们就遵守了。

领导的艺术:

努力就会有结果,有结果就会有奖励。这中间的必然性,就是领导威信。商鞅变法的起点就是"南门立木",这一事件树立起秦国"有功必赏、有过必罚"的信用,随后制定的各种奖励措施才——奏效。

◎ 先抑后扬，是一种发奖金的艺术

公司自从多年前成立，就骏业宏发、蒸蒸日上，今年的盈余竟大幅滑落。这绝不能怪员工，因为大家为公司拼命的情况，丝毫不比往年差，甚至可以说，由于人人意识到经济的不景气，干得比以前更卖力。

这也就越发加重了董事长的负担，因为马上要过年，照往例，年终奖金最少加发两个月，多的时候，甚至再加倍。

今年可惨了，算来算去，顶多只能给一个月奖金。

"让多年已经惯坏了的员工知道，士气真不知要怎么滑落！"董事长对总经理说，"许多员工都以为最少得加两个月，恐怕飞机票、新家具都订好了，只等拿奖金就出去度假或付账单呢！"

总经理也愁眉苦脸了："好像给孩子糖吃，每次都抓一大把，现在突然改成两颗，小孩一定会吵。"

"对了！"董事长突然触动灵机，"你倒使我想起小时候到店里买糖，总喜欢找同一个店员，因为别的店员都先抓一大把，拿去称，再一颗颗往回扣。那个比较可爱的店员，则每次都抓不足重量，然后一颗颗往上加。说实在话，最后拿到的糖没有什么差异。但我就是喜欢后者。"

没过两天，公司突然传出小道消息。

"由于营业不佳，年底要裁员……"

顿时人心惶惶了。每个人都在猜，会不会是自己。最基层的员工想：一定由下面杀起。上面的主管则想："我的薪水最高，只怕从我开刀！"但是，紧跟着总经理就做了宣布：

"公司虽然艰苦，但大家同一条船，再怎么危险，也不愿牺牲共患难的同事，只是年终奖金，绝不可能发了。"

听说不裁员，人人都放下心上的一块石头，那不至于卷铺盖的窃喜，早压过了没有年终奖金的失落。

眼看除夕将至，人人都做了过个穷年的打算，彼此约好拜年不送礼，以共度时艰。突然，董事长召集各单位主管召开会议。看主管们匆匆上楼，员工们面面相觑，心里都有点七上八下："难道又变了卦？"

是变了卦？没几分钟，主管纷纷冲进自己的单位，兴奋地高喊着：

"有了！有了！还是有年终奖金，整整一个月，马上发下来，让大家过个好年！"

整个公司大楼，爆发出一片欢呼，连坐在顶楼的董事长，都感觉了地板的震动……

领导的艺术：

这位董事长给那些不会发奖金的老板上了一课。与其因最好的企盼，造成最大的失望，不如用最坏的打算，带来意外的欣喜。

◎ 惩罚干坏事的人，不如奖励检举的人

美国纽约市有一个著名的植物园，每天吸引大批游客。人们纷纷前往观赏植物园内多姿多彩的花卉和形状奇特的盆景。植物园另一与众不同之处是其园门上方的一块告示牌，上书："凡检举偷盗花木者，赏金200美元。"

好奇的游客问管理人员："为何不按通常的习惯，写成

'凡偷盗花木者，罚款200美元'？"

管理人员不假思索地答称："要是那么写，就只能靠我的两只眼睛。而现在，可能有几百双警惕的眼睛。"植物园为了防盗，可谓独具匠心。

领导的艺术：

惩罚不是目的，减少坏的行为才是目的。为了实现这个目的，奖励"监督和检举的人"，往往更为奏效。

◎ 为薪水工作的人，只能原地踏步

盛夏的一天，一群人正在铁路的路基上工作。这时，一列缓缓开来的火车打断了他们的工作。火车停了下来，一节特制的并且带有空调的车厢的窗户被人打开了，一个低沉的、友好的声音："大卫，是你吗？"

大卫·安德森——这群人的主管说："是我，吉姆，见到你真高兴。"于是，大卫·安德森和吉姆·墨菲——铁路的总裁，进行了愉快的交谈。在长达1个多小时的愉快交谈之后，两人热情地握手道别。

大卫·安德森的下属立刻包围了他，他们对于他是铁路总裁墨菲的朋友这一点感到非常震惊。大卫说，20多年以前他和吉姆·墨菲是在同一天开始为这条铁路工作的。

其中一个下属半认真半开玩笑地问大卫，为什么他现在仍在骄阳下工作，而吉姆·墨菲却成了总裁。大卫非常惆怅地说："23年前我为1小时1.75美元的薪水而工作，而吉姆·墨菲却是为这条铁路而工作。"

领导的艺术：

23年前为美元工作的人，现在仍然为薪水工作；23年前为事业工作的人，现在却成了团队的总裁。这就是平凡者与卓越者之间差别的根源所在。

◎ 不热爱工作的人，给高薪也没有用

一个欧洲观光团来到非洲一个叫亚米亚尼的原始部落。部落里有一位老者，穿着白袍盘着腿安静地在一棵菩提树下

做草编。草编非常精致,它吸引了一位法国商人。商人想:要是将这些草编运到法国,巴黎的女人戴着这种草编的小圆帽挎着这种草编的花篮,将是多么时尚多么风情啊?想到这里,商人激动地问:"这些草编多少钱一件?"

"10块。"老者微笑着道。

"天啊!这会让我发大财的!"商人惊喜若狂。

"假如我买10万顶草帽和10万个草篮,那你打算每一件优惠多少钱?"

"那样的话,就得要20元一件。"

"什么?"商人简直不敢相信自己的耳朵?他几乎大喊着问,"为什么?"

"为什么?"老者也生气了,"做10万顶一模一样的草帽和10万个一模一样的草篮,会让我乏味死的。"

领导的艺术:

不热爱工作的人,给高薪也没有办法激励他。真正热爱自己工作的人,就是那些不考虑薪水因素仍然在为工作而劳作的人。管理者的首要任务,就是要想方设法选到这样的人,淘汰那些不热爱工作的人。

◎ 经历冬季，才能分出牡丹和杂草

大多数的同仁都很兴奋，因为单位里调来了一位新主管，据说是个能人，专门被派来整顿业务。可是，日子一天天过去，新主管却毫无作为，每天彬彬有礼进办公室后，便躲在里面难得出门。那些紧张得要死的坏分子，现在反而更猖獗了。他哪里是个能人，根本就是个老好人，比以前的主管更容易唬。

4个月过去了，新主管却发威了，坏分子一律开革，能者则获得提升。下手之快，断事之准，与4个月前表现保守的他，简直像换了一个人。年终聚餐时，新主管在酒后致辞：相信大家对我新上任后的表现和后来的大刀阔斧，一定感到不解。现在听我说个故事，各位就明白了。

我有位朋友，买了栋带着大院的房子，他一搬进去，就对院子全面整顿，杂草杂树一律清除，改种自己新买的花卉。某日，原先的房主回访，进门大吃一惊地问，那株名贵的牡丹哪里去了？我这位朋友才发现，他居然把牡丹当草给割了。后来他又买了一栋房子,虽然院子更加杂乱,他却按兵不动,果然冬天以为是杂树的植物,春天里开了繁花;春天以为是野草的,夏天却是锦簇;半年都没有动静的小树,秋天居然红了叶。直到暮秋,他才认清哪些是无用的植物而大力铲除,并使所有珍贵的草木得以保存。

说到这儿,主管举起杯来,"让我敬在座的每一位!如果这个办公室是个花园,你们就是其间的珍木,珍木不可能一年到头开花结果,只有经过长期的观察才认得出啊。"

领导的艺术:

要真正了解一个员工,需要长时间的持续观察。只有通过细致彻底的观察,才能正确评估出他们的价值,并给予合适的工作。

◎ 公开绩效,可以消除不必要的攀比

一个人要穿越沙漠,但他只有一头骆驼和一匹马,他只好把货物分成两份,平均分给骆驼与马。马看到自己驮的东

西和骆驼一样多，心里就很不乐意，它对骆驼说："主人给你吃的食物比我多一倍，却让我和你驮负一样重的货物。真是太不公平了。"

骆驼没有说话，只是默默地往前走。

到了沙漠的中心，马渐渐支持不住了，感到身上的压力越来越大，汗水不住地往下流，主人就把它身上的货物移了一部分到骆驼背上。又走了一段路后，马更没精神了，主人只好把货物全部都移到骆驼身上。

这时骆驼望着马说："现在你对我比你多吃一倍食物还有什么意见吗？"

领导的艺术：

在公司工作中，总有员工抱怨自己的报酬不如别人的多，认为有失公平。而真实的情况，是他们总是看到自己的付出，而看不见别人的付出。因此，公司应建立一种绩效沟通制度，定期把各个岗位上的绩效向大家公开，消除不必要的猜测和攀比，并激发绩效落后者的上进心。

◎ 外部考核，能让一线员工不敢懈怠

美国肯德基国际公司的子公司遍布全球60多个国家，达9900多个。然而，肯德基国际公司在万里之外，又怎么能相信他的下属能循规蹈矩呢？

一次，上海肯德基有限公司收到了3份总公司寄来的鉴定书，对他们外滩快餐厅的工作质量分3次鉴定评分，分别为83分、85分、88分。公司中外方经理都为之瞠目结舌，这3个分数是怎么评定的？原来，肯德基国际公司雇用、培训一批人，让他们佯装顾客潜入店内进行检查评分。

这些"特殊顾客"来无影，去无踪，这就使快餐厅经理、员工时时感到某种压力，丝毫不敢懈怠。

领导的艺术：

人做一次自我检查容易，难就难在时时进行自我反省，时时给自己一点压力，一点提醒。公司管理者就需要充当这个提醒者，时时给他们一点压力和动力，以保持员工不懈的进取心。

◎ 激励团队，胜过激励个人

黑熊和棕熊喜食蜂蜜，都以养蜂为生。它们各有一个蜂箱，养着同样多的蜜蜂。有一天，它们决定比赛看谁的蜜蜂产的蜜多。

黑熊想，蜜的产量取决于蜜蜂每天对花的"访问量"。于是它买来了一套昂贵的测量蜜蜂访问量的绩效管理系统。在它看来，蜜蜂所接触的花的数量就是其工作量。每过完一个季度，黑熊就公布每只蜜蜂的工作量；同时，黑熊还设立了奖项，奖励访问量最高的蜜蜂。但它从不告诉蜜蜂们它是在与棕熊比赛，它只是让它的蜜蜂比赛访问量。

棕熊与黑熊想得不一样。它认为蜜蜂能产多少蜜，关键在于它们每天采回多少花蜜——花蜜越多，酿的蜂蜜也越多。于是它直截了当告诉众蜜蜂：它在和黑熊比赛看谁产的蜜多。它花了不多的钱买了一套绩效管理系统，测量每只蜜蜂每天采回花蜜的数量和整个蜂箱每天酿出蜂蜜的数量，并把测量结果张榜公布。它也设立了一套奖励制度，重奖当月采花蜜最多的蜜蜂。如果一个月的蜜蜂总产量高于上个月，那么所有蜜蜂都受到不同程度的奖励。

一年过去了，两只熊查看比赛结果，黑熊的蜂蜜不及棕熊的一半。

黑熊的评估体系很精确，但它评估的绩效与最终的绩效并不直接相关。黑熊的蜜蜂为尽可能提高访问量，都不采太多的花蜜，因为采的花蜜越多，飞起来就越慢，每天的访问量就越少。另外，黑熊本来是为了让蜜蜂搜集更多的信息才让它们竞争，由于奖励范围太小，为搜集更多信息的竞争变成了相互封锁信息。蜜蜂之间竞争的压力太大，一只蜜蜂即使获得了很有价值的信息，比如某个地方有一片巨大的槐树林，它也不愿将此信息与其他蜜蜂分享。

而棕熊的蜜蜂则不一样，因为它不限于奖励一只蜜蜂，为了采集到更多的花蜜，蜜蜂分工合作，嗅觉灵敏、飞得快的蜜蜂负责打探哪儿的花最多最好，然后回来告诉力气大的蜜蜂一齐到那儿去采集花蜜，剩下的蜜蜂负责储存采集回的花蜜，将其酿成蜂蜜。虽然采集花蜜多的能得到最多的奖励，但其他蜜蜂也能捞到部分好处，因此蜜蜂之间远没有到人人自危相互拆台的地步。

领导的艺术：

激励是手段，激励员工之间竞争固然必要，但相比之下，激发起所有员工的团队精神尤显重要。绩效评估是专注于活动，还是专注于最终成果，管理者须细细思量。

◎ 奖品再薄，也不要轻易授人

一位游人旅行到乡间，看到一位老农把喂牛的草料铲到一间小茅屋的屋檐上，不免感到奇怪，于是就问道："老公公，你为什么不把喂牛的草放在地上，方便它直接吃呢？"

老农说："这种草草质不好，我要是放在地上它就不屑一顾；但是我放到让它勉强可以够得着的屋檐上，它会努力去吃，直到把全部草料吃个精光。"

领导的艺术：

太容易到手的东西没有人会珍惜，很多时候，一个头衔、一点奖励，哪怕官职再小、奖品再薄，也不要轻易授人，最好能够激励部属们通过公平竞争的手段去获得。

◎ **科学奖励员工的 7 个技巧**

领导者巧妙运用奖励的招数,选择恰当的奖励方式,比增加奖金更能调动员工的积极性。科学的奖励方式应该有:

1. 奖励的原因要具体

即对具体的人和工作奖赏,应使人明白为何得奖,怎么才能获奖。

2. 奖励要及时

什么时候做出成绩就什么时候给奖,这样能因管理者经常关心自己的工作而激发出持久的工作热情。

3. 庆功表彰的对象要广泛

以庆功和表彰为主的奖励,应该注意奖励对象的广泛性。在设置大奖的同时,应设置一些小奖,否则会使大批认为自己应该得到奖赏的人丧气。

4. 不定期的奖励很有效

定期的奖励很重要,但时间长了作用会下降,因为人们可对它做出预测。不可预期的间歇性的奖励效果更强,人们为了经常得到奖励就得经常努力工作。

5.关心也是一种奖励

纯物质刺激的作用终难持久,管理者当用宝贵的时间关心下属。关心比奖励本身更为重要,这也就是常说的有"人情味"。

6.注意奖励的多样性

物质奖励以外还应有精神奖励,如给予荣誉称号,承认人的个性、自容性,给创新工作予以保护,提拔担任更重要的工作,给机会深造,等等。

7.奖励要公开

奖励应是奖一个带一批,而秘密给奖(如红包)易产生神秘感,增加相互间的猜疑,影响工作的积极性和团结,并且获奖者不能做横向比较,只能做纵向比较,不易形成力争上游的气氛。

领导的艺术:

论功行赏,功大奖厚,功小奖薄,才能鼓励人们尽力做出更大的贡献。如果奖励不当,小功厚奖,大功薄奖,倒不如无奖。

◎ 宁给两人发高薪，也不雇用第三人

法国的一位工程师曾经设计了一个引人深思的拉绳试验：把被试验者分成一人组、二人组、三人组和八人组，要求各组用尽全力拉绳，同时用灵敏度很高的测力器分别测量其拉力。

实验前，人们普遍认为，几个人拉同一根绳的合力等于每个人各拉一根绳的拉力之和，结果却让人大吃一惊。

二人组的拉力只是单独拉绳时二人拉力总和的95%；三人组的拉力只是单独拉绳时三人合力的75%；八人组的拉力只是单独拉绳时八人拉力总和的49%。

"拉绳试验"中出现"1＋1＜2"的情况，明摆着是有人没有竭尽全力。这说明人有与生俱来的惰性，单枪匹马地独立操作，就会竭尽全力；到了一个集体，则把责任悄然分到其他人身上。

社会心理学研究认为，这是集体工作时存在的一个普遍现象，并概括为"搭便车效应"。

领导的艺术：

人越多，个人的偷懒机会就越多，监督和考核的成本就越大。如果一项工作，两个人可以完成，就绝不要雇佣第三个人。这就是"宁给两人发高薪，也不雇用第三人"的道理。让那些工作量大、生产率高的人尽可能拿到高薪水，他们嘴上会抱怨累，心里却是透着骄傲与自豪。

◎ 员工表现欠佳，可以靠培训来改变

首先，欠佳表现可以通过培训来改变吗？如果一名员工因为缺乏必需的技能或知识而在勉强应付，那肯定是可以培训的。

简·布朗是一家广告公司的经理，他列举了一个简单的例子："我有一个助手，她的任务是将我的手写笔记整理成光彩夺目的演示材料。但是事与愿违。她不仅活干得太慢，而且产品不高明。我同她坐下来谈心，其间她承认，她从没正规地学过Power Point软件。她是一个有才气的艺术专科生，但是没有人教过她如何用电脑展现艺术。这事很简单。于是

我安排她参加Power Point强化培训,现在她干得棒极了。"

劳里·特伦是一家石化公司的经理,描述了一种更细致的传授知识的方法:"吉姆是一个青年人,非常有才华,但总是上班迟到。我同他谈了这件事,他说他在安排自己准时上班方面做得很糟糕。每天早晨总有什么事情会耽误他。他告诉我不用担心,因为他总是为了完成工作而晚下班。我告诉他我的确担心。我是担心别人会怎样看他。我问他,他觉得别人对他怎么看。他承认他们很可能会把他的迟到与偷懒、缺乏责任心和团队精神差联系在一起。'但是我不是那样的人。'他说。'我知道你不是那样的人。'我说,'但是他们并不知道。我并不是说你从今以后必须准时上班。我想告诉你的是,你必须使同事对你的印象好一些。否则他们不会信任你,你会拖大家的后腿,这样的话,我得请你走人。'

"吉姆现在95%的时间准时上班。我并没有改变他的行为。当他意识到自己名声不佳,并且感到脸上无光时,就改变了自己的行为。"

领导的艺术:

也许你见过缺乏产品知识的销售员,或者不知道如何处理开支的秘书；或者新聘用的商学院毕业生，还没有学会如何写一份真正的商业报告。这些欠佳表现都可以归因于员工缺乏某种技能或知识。这些技能和知识有的很简单，例如教她学习一种软件；有的较复杂，例如帮助一个人了解自己。但这一切都是可以通过培训获得的。

◎ 员工表现欠佳，可能是激励方式错了

约翰·法德是一名保险总代理，他有一个明星代理人，名叫马克，曾连续数年获得年度代理人奖。马克一度公开表示，他讨厌那些获奖时发给他的奖牌。他说，如果为了表彰他，他希望得到一些不同的东西，而不是一块接一块塞进抽屉里的毫无意义的奖牌。

约翰听到了，一笑了之，因为他自以为明白这一行的一切：所有的销售人员都喜欢奖牌。

在颁奖宴会上，约翰宣布马克再一次成为获胜者，并领他走上领奖台，得意扬扬得把奖牌递给他。马克瞥了奖牌一眼，转向观众，做了个下流的手势，然后冲下台去，发誓要

离开公司。这次宴会彻底搞砸了。

约翰·法德同马克的一些同事讨论此事，想从中寻找补救方案。他了解到，不论是在开车途中，走廊里，还是午餐桌上，每当话题离开办公室的事情，进入个人生活时，马克总会提到他的两个女儿。他和他的妻子曾认为他们永远不会有孩子了，因此这两个小女孩对他们来说是特别珍贵的礼物。马克会描述她们的成绩，她们的胜利和她们亲口告诉他的有趣的小事。他为她们感到无比自豪。她们就是他所有的生命。

约翰迅速打电话给马克的妻子，解释了事情的经过。马克的妻子出了个主意。她领着两个女儿去了一家照相馆，给她们拍了一张很漂亮的照片，配上镜框，并把马克的奖牌镶在镜框上。当然，这些费用由约翰出。

两个星期以后，约翰主持了一次午餐会。他当着所有代理人和作为嘉宾请来的马克妻子和两个女儿的面，取出照片送给马克。曾弃众人而去的主角开始哭起来。有效激励马克的正确"扳机"就是他的两个女儿。

如果马克没有感到约翰是真正关心他，此举就不会奏效。但是，幸运的是，多年来，他们之间已经产生了信任。在他们的关系中唯一缺乏的是，约翰没有完全理解什么对马克来说是真正重要的。根据马克的同事提供的线索，约翰弥补了那个缺口。从现在开始，他将尊重并且扣动马克独特的心灵"扳机"。

领导的艺术：

所有的领导者都可以从约翰的例子中获得启示。假如一个员工的表现出现差错，也许是你用错了对他的激励手段；或许，一旦你扣动不同的"扳机"，这个员工的真正才干会重新释放。这种情况下，你应该对他的欠佳表现负责。

◎ 业绩好的员工，对公司的满意度也高

A对B说："我要离开这个公司。我恨这个公司！"

B道："我举双手赞成！这个破公司一定要给它点颜色看看。不过你现在离开，还不是最好的时机。"

A问："那什么时机比较好？"

B说："如果你现在走，公司的损失并不大。你应该趁着公司给的机会，拼命去为自己拉一些客户，成为公司独当

一面的人物，然后带着这些客户突然离开公司，公司才会受到重大损失，非常被动。"

A觉得B说的非常在理。于是努力工作，事遂所愿，半年多的努力工作后，他有了许多的忠实客户。

再见面时B对A说："现在是时机了，要跳赶快行动哦！"

A淡然笑道："老总跟我长谈过，准备升我做总经理助理，我暂时没有离开的打算了。"其实这也正是B的初衷。

领导的艺术：

一个人的业绩越好，对公司的满意度也就越高。领导应该把关注的焦点放在如何提高员工的业绩上，并根据业绩决定对员工的奖励，这样做，对公司满意的人就会越来越多。

CHAPTER 7
领导这样说,任何人都会听你的

管理就是沟通、沟通再沟通。

——通用电气公司总裁　杰克·韦尔奇

沟通是管理的浓缩。

——沃尔玛公司总裁　山姆·沃尔顿

不善于倾听不同的声音,是管理者最大的疏忽。

——美国女企业家　玛丽·凯

◎ 讲话"接地气",才能有执行力

一个刚做爸爸的男人问妇产科医生:"医生,我要等多久才能和我的太太有房事?"医生含糊其词地说:"4至6个星期。"

过了30个星期,这个男人找医生诉苦:"医生,我不能再忍耐了,46个星期太长了,有没有其他的办法?"

由于医生含糊其词,结果产生了沟通问题。

有一个秀才去买柴,他对卖柴的人说:"荷薪者过来?"

卖柴的人听不懂"荷薪者"——担柴的人——3个字,但是听得懂"过来"两个字,于是把柴担到秀才前面。

秀才问他:"其价如何?"卖柴的人听不懂这句话,但是听得懂"价"这个字,于是就告诉秀才价钱。

秀才接着说:"外实而内虚,烟多而焰少,请损之。"——你的木柴外表是干的,里头却是湿的,燃烧起来,会浓烟多而火焰小,请减些价钱吧。

卖柴的人因为听不懂秀才的话,于是担着柴走了。

有个主管对下属说:"赶紧给我拿桶水来!"员工马上遵照执行。

员工边跑边想:水龙头在哪?水桶在哪?他终于想到不远处食堂有水桶。

他盘算着:先拿桶,然后到最近的水龙头打水,这样最省力。

回头一看,不得了!房子起火了。原来,当时主管发觉了火警,见到下属马上让他拿水来。

主管脑子里想的事,员工是不知道的。下属直埋怨:早知道是救火,附近就有灭火器,何必要跑到远处去拿水呢!

如果主管起初出对下属说:"有火警,你赶紧给我拿水来!"这位下属就会想:要救火,赶紧!但救火不一定非得用水呀!附近不是有灭火器吗?几分钟内火警就会解除。

领导的艺术:

指令不清,执行就不会到位:(一)一个含糊其词、不明不白的执行命令,与没有命令别无二致,甚至还不如没有命令;(二)要用简单的语言、易懂的言词来传达信息,对于说话的对象、时机要有所把握,有时过分的修饰反而达不到想要达到的目的;(三)指挥员工办事,最好把目的也告诉他。

◎ 向员工下达任务的 3 个语言技巧

为了使分配的工作非常明确，在向员工下达任务时，要把握以下要点：

1.阐述问题

比如："小杨，几个星期后我要做一次定价方面的介绍，但我对这些计算方法有点摸不着头脑。你是不是可以把定价的方法替我用简单的语言表达出来呢？"

然后，说明你需要什么样的结果。结果可能会是一份报告、一段解释、一套简图，甚或仅仅是一个数字（比如，资产的货币价值或接下来的半年里你想雇用的人数等）。尽可能地将你所期望得到的结果表述清楚。

"我只需要几段文字，能够解释我们不同的计价方法，例如'每件'或'每小时'，以及不同方法所对应的产品和服务就行了。如果产品和计价方法的关系很明确的话，你也可以口头向我说明。"

2.限定要求的范围

如同上面的例子,向对方说明什么内容是你不需要的——比如分析各种产品的定价策略是否一致。当然,你不可能为对方列出一张你不需要的内容的清单。但在与小杨对话前,应该先站在听者的角度想想自己的要求听起来会给人什么感觉。

3.明确任务内容和期限

在结束与小杨的谈话前,让她告诉你她需要给你什么东西。你这样做似乎是过于唠叨了,但这非常重要。从中可以看到你是否清楚地转达了自己的意思,而她是否明白了你的要求。对于有些员工,可以省掉这一步。但如果你尽力想要把自己的任务表达得更清楚、更具体,让员工说明他们对你的要求的理解将会是一种很有价值的信息反馈。

领导的艺术:

如果你是一个聪明而又有进取心的员工,你可能会去做什么相关的工作呢?如果这些工作有的于事无补,就要让别人明白不要去做。

◎ 沟通的态度，决定沟通的结果

关于美国著名学府斯坦福大学的来历，有一个有趣的故事。

一对老夫妇，妻子穿着一套褪色的条纹棉布衣服，丈夫穿着布制的便宜西装，也没有事先预约，就直接去拜访哈佛的校长。

校长的秘书在片刻间就断定这两个乡下土老帽儿根本不可能与哈佛有业务来往。

老人轻声地说："我们要见校长。"

秘书很有礼貌地说："他整天都很忙。"

老妇说："没关系，我们可以等。"

过了几个钟头，秘书一直不理他们，希望他们知难而退，然而他们却一直等在那里。

秘书终于决定通知校长："也许他们跟您讲几句话就会走开。"

校长不耐烦地同意了。

校长很有高傲而且心不甘情不愿地会见了这对夫妇。

老妇告诉他:"我们儿子曾经在哈佛读过一年,他很喜欢哈佛,他在哈佛的生活很快乐。但是去年,他出了意外,我丈夫和我想在校园里为他留一个纪念物。"

校长并没有被感动,反而觉得很可笑,粗声说道:"夫人,我们不能为每一位曾就读过哈佛而后去世的人建立雕像。如果我们这样做,校园就会变成墓园了。"

老妇说:"不是,我们不是要竖立一座雕像,我们想要捐一栋大楼给哈佛。"

校长仔细地看了一下条纹棉布衣及粗布便宜西装,然后吐一口气说:"你们知不知道建一栋大楼要花多少钱?我们学校的建筑物可是超过了750万美元。"

老妇沉默不语了。校长很高兴,以为总算可以把他们打发走了。

老妇转向丈夫说:"只要750万就可以建一座大楼?那我们为什么不建一所大学来纪念我们的儿子?"

就这样,斯坦福夫妇离开了哈佛,到了加州,成立了斯坦福大学,以此来纪念他们的儿子。

领导的艺术:

在企业的合作洽谈过程中,任何以貌取人、轻视别人的思想和做法都是不可取的。你的轻慢态度,将会使你的帮手最终变成对手。

◎ 惠普之道,向员工敞开心灵之门

美国惠普公司创造了一种独特的"周游式管理办法",鼓励部门负责人深入基层,直接接触广大员工。

为此,惠普公司的办公室布局采用美国少见的"敞开式大房间",即全体人员都在一间敞厅中办公,各部门之间只有矮屏分隔,除少量会议室、会客室外,无论哪级领导都不设单独的办公室,同时不称头衔,即使对董事长也直呼其名。这样有利于上下左右通气,创造无拘束和合作的气氛。

领导的艺术:

不要在工作中人为地设置障碍分隔。敞开办公室的门,制造平等的气氛，同时也敞开了彼此合作与心灵沟通的门。

◎ 提出问题，让下属自己去反省

一位总裁走出办公室，看见一个员工站在高处用废报纸擦窗户上的玻璃。

总裁问这位员工："你为什么不用那种带把的刷子擦玻璃呢？站在高处多危险！"

"我一进公司就是这样干的。"员工回答。

"为什么你不向主管建议呢？"总裁问。

"刚进公司时建议过此事，可他不闻不问，我有什么办法？"

总裁十分恼火，把主管叫来问："这件事上，你认为你有责任吗？"

主管点点头。

总裁说："那你说说看，在这件事上，你有什么责任？"

主管低着头，沉默不语。

总裁见了说："看来你还不明白你的责任是什么，你想好了来找我！"

过了一会儿，主管来找总裁说："我的工作就是要确保我的部下有合适的工具，这是我的责任。"

总裁说："你只说出了一部分责任，你再想想，想明白了来找我！"

主管回头又找总裁说："对下属的工作建议，我应该积极听取，并选择其中合理的部分予以实施，这也是我的责任。"

总裁紧锁的眉头舒展开来，说："非常好，我希望你能把这两个责任全部承担起来，你能做到吗？"

主管说："我能做到，请您放心"

总裁站起来，握了握主管的手，微笑着说："我相信你能做到，拜托你把责任承担起来！"

主管心中的责任感油然而生，离开总裁办公室时，心里热乎乎的，发誓要把工作做好。

领导的艺术：

总裁本想严厉地批评这位主管，但是却改为提问的方式，让下属去自我反省。当主管自己说出总裁想要说出的话时，一次有效的沟通就已经完成了。这就是领导的沟通艺术。

◎ 向下询问，要重视员工的智慧心声

上古时代，黄帝带领了6位随从到具茨山见大隗，在半途上迷路了。他们巧遇一位放牛的牧童。

黄帝上前问道："小孩，具茨山要往哪个方向走，你知道吗？"

牧童说："知道呀！"于是便指点他们路向。

黄帝又问："你知道大隗住哪里吗？"

他说："知道啊！"

黄帝吃了一惊，便随口问道："看你年纪小小，好像什么事你都知道不少啊！"接着又问道："你知道如何治国平天下吗？"

那牧童说："知道，就像我放牧的方法一样，只要把牛的劣性去除了，那一切就平定了呀!治天下不也是一样吗？"

黄帝听后，非常佩服：真是后生可畏，原以为他什么都不懂，却没想到这小孩从日常生活中得来的道理，就能理解

治国平天下的方法。

领导的艺术：

倾听下属员工的声音，向他们寻找改善公司管理的方法，保证底层员工有向上沟通的正常渠道，这都是非常重要的管理之道。在管理沟通中，最忌讳的是领导人员总是倚老卖老，处处否定新人的创见。

◎ 下属不愿意讲真话，往往是担心后果

作为森林王国的统治者，老虎几乎饱尝了管理工作中所能遇到的艰辛和痛苦。它终于承认，原来老虎也有软弱的一面。它多么渴望可以像其他动物一样，享受与朋友相处的快乐，能在犯错误时得到哥们儿的提醒和忠告。

它问猴子："你是我的朋友吗？"

猴子满脸堆笑着回答："当然，我永远是您最忠实的朋友。"

"既然如此，"老虎说，"为什么我每次犯错误时，都

得不到你的忠告呢?"

猴子想了想,小心翼翼地说:"作为您的属下,我可能对您有一种盲目崇拜,所以看不到您的错误。也许您应该去问一问狐狸。"

老虎又去问狐狸。狐狸眼珠转了一转,讨好地说:"猴子说得对,您那么伟大,有谁能够看出您的错误呢?"

这个寓言故事,还有一个现实世界的版本。

在苏联的一次政府会议上,赫鲁晓夫声色俱厉地指责斯大林的错误,突然听众席上有人打断了他的讲话。

"你也是斯大林的同事,"提问者大声喊道,"为什么你当时不阻止他呢?"

"谁在这样问?"赫鲁晓夫怒吼道。

会议厅里一片极度不安的寂静,没有人敢动弹一下。

最后赫鲁晓夫轻声说:"现在你该明白为什么了吧?"

领导的艺术:

赫鲁晓夫轻声说出的话,道出了领导难以听到下属真心话的原因——恐惧。想要部属指出你的缺点和错误,首先得让他们确信自己不会被报复和惩罚,其次是要给他们勇气,还有就是你必须具有明辨是非的眼力和包容的胸怀。简言之,如果管理者想听到真话，就要开创一个让下属敢于讲真话的环境和氛围。

◎ 只需3点，像乔布斯一样演讲

各位一定都听过乔布斯的演讲，可谓非常精彩，尤其是他每一次介绍苹果新品的秀。我们就选一段乔布斯2005年在斯坦福大学的经典演讲，来一次分解，看看"苹果教父"的结构化表达方式。

开篇他说："我只说3个故事，不谈大道理，只是3个故事而已。"

其后，他讲了3个故事：

第一个故事关于因果。主要讲他的出生、被收养、休学，以及去里德学院旁听书法课的时候学习到精美的书法，而这些书法字体在若干年后进入了苹果电脑的字库。

第二个故事关于得失。在苹果的发展期，他雇用了斯卡利和他一起管理公司，当发生分歧的时候，董事会站在斯卡利一边，炒掉了乔布斯。在经历过短暂的失落后迅速重新成立Next公司和皮克斯公司。而皮克斯公司当时的作品《玩具总动员》很火爆，成为世界上最成功的动画工作室。而此时苹果又回购Next公司，乔布斯得以回归苹果，开启苹果的第二度辉煌。

第三个故事关于死亡。从查出胰腺癌到做手术治好，他对生命有了新的认识。他说："你们时间有限，所以不要浪费在重复他人的生活上。不要被教条束缚，盲从教条就是活在别人思考结果里。不要让别人的意见淹没了你的心声。最重要的是，你要有勇气去听从你直觉和心灵的指示——它们在某种程度上知道你想要成为什么样子，其他的事情都是次要的。"

最后，乔布斯送给所有的毕业生一句经典的话：stay hungry, stay foolish（求知若饥，虚心若愚）。

乔布斯的演讲一气呵成，结构严谨，内容饱满，实在是一篇佳作。

领导的艺术：

西点军校曾经有一个训练学员的方法，叫三点表达法。西点军校的军官会用报纸或其他载体训练学员，比如问：《纽约时报》今天有什么要点？学员必须回答，今天的《纽约时报》

有3个要点，然后迅速说出这份报纸的3个主要标题。西点军校用这样的方式训练了学员汇报工作只汇报重点的习惯，当这种习惯一旦养成，就会变成一种能力。战场上，当一个低阶的军官向上级汇报军情或上级军官下达命令时，如果简明扼要，条理清晰，重点突出，对战局会有一定程度的影响。如果很啰唆，半天说不到重点，会影响对方对信息的理解。领导者传达的信息不清楚是大问题，因为目标是否明确对沟通效果影响重大。如果领导者不能把一个观点条理分明地表达清楚，整个部门、团队和个人都会一片茫然。结合西点军校的训练和乔布斯的演讲，著名管理顾问何晓飞先生经过研究，总结出三三三结构化表达法。是指用3个观点（要点）、3个故事（案例）、3个结论，在一个指定的时间内，将内容说清楚。这样的演讲结构会让自己的发言更具条理性、更有逻辑性、更加接地气，内容也更加饱满有趣。

◎ 把政策的利害关系，对执行者讲清楚

春秋时期，楚国令尹孙叔敖在苟陂县一带修建了一条南

北水渠。这条水渠又宽又长，足以灌溉沿渠的万顷农田，可是一到天旱的时候，沿堤的农民就在渠水退去的堤岸边种植庄稼，有的甚至还把农作物种到了堤中央。等到雨水一多，渠水上涨，这些农民为了保住庄稼和渠田，便偷偷地在堤坝上挖开口子放水。这样的情况越来越严重，一条辛苦挖成的水渠，被弄得遍体鳞伤，面目全非，因决口而经常发生水灾，变水利为水害了。

面对这种情形，历代苟陂县的行政官员都无可奈何。每当渠水暴涨成灾时，便调动军队去修筑堤坝，堵塞漏洞。

后来宋代李若谷出任知县时，也碰到了决堤修堤这个头疼的问题，他便贴出告示说，"今后凡是水渠决口，不再调动军队修堤，只抽调沿渠的百姓，让他们自己把决口的堤坝修好。"这布告贴出以后，再也没有人偷偷地去决堤放水了。

领导的艺术：

如果在执行前就把政策的利害关系对执行者讲清楚，他们也许就不会为了个人私利做出损害团队利益的事。

◎ 说服别人，要抓住他的心理弱点

战国时，齐国人张丑被送到燕国做人质，不久，齐、燕两国关系紧张，燕国人想把张丑杀掉。

张丑得到了消息，立即寻机逃走，尚未逃到边境，又被燕国一官吏抓住。

张丑见硬拼不行，便对官吏说："你知道燕王为什么要杀我吗？"

"不知道！"

"因为有人向燕王告了密，说我有许多财宝，但我并没有什么金银财宝，燕王偏偏不信我。"张丑说到这里，见官吏糊里糊涂，接着又说，"我被你捉到了，你会有什么好处呢？"

"燕王悬赏100两银子捉你，这就是我的好处。"

"你肯定拿不到银子！如果你把我交给燕王我肯定会对燕王说，是你独吞了我所有的财宝。燕王听后一定会暴跳如雷，到时候你就等着陪我死吧！"张丑边说边笑。

官吏听到这里,愈发心慌,越想越害怕,最后只好把张丑放了。

张丑得以死里逃生,全靠了他的这番说辞,他成功的原因在于抓住了官吏的心理弱点,然后一击而中。

领导的艺术:

对方怕什么,就专门给他来什么。抓住对方的心理弱点,攻其一点,不计其余。

◎ 真诚的赞美,会换来下属真心的拥护

韩国某大型公司的一个清洁工,本来是一个最被人忽视、最被人看不起的角色,但就是这样一个人,却在一天晚上公司保险箱被窃时,与小偷进行了殊死搏斗。

事后,有人为他请功并问他的动机时,答案却出人意料。他说:当公司的总经理从他身旁经过时,总会不时地赞美他"你扫的地真干净"。

还有一个故事。

某王爷手下有个著名的厨师，他的拿手好菜是烤鸭，深受王府里的人喜爱，尤其是王爷，更是倍加赏识。不过这个王爷从来没有给予过厨师任何鼓励，使厨师整天闷闷不乐。

有一天，王爷有客从远方来，在家设宴招待贵宾，点了数道菜，其中一道是王爷最喜爱吃的烤鸭。厨师奉命行事，然而，当王爷夹了一条鸭腿给客人时，却找不到另一条鸭腿，他便问身后的厨师说："另一条腿到哪里去了？"

厨师说："禀王爷，我们府里养的鸭子都只有一条腿。"王爷感到诧异，但碍于客人在场，不便问个究竟。

饭后，王爷便跟着厨师到鸭笼去查个究竟。时值夜晚，鸭子正在睡觉。每只鸭子都只露出一条腿。

厨师指着鸭子说："王爷你看，我们府里的鸭子不全都是只有一条腿吗？"

王爷听后，便大声拍掌，吵醒鸭子，鸭子当场被惊醒，都站了起来。

王爷说："鸭子不全是两条腿吗？"

厨师说："对，对！不过，只有鼓掌拍手，才会有两条腿呀？"

领导的艺术：

金钱在调动下属们的积极性方面不是万能的，而赞美却恰好可以弥补它的不足。因为生活中的每一个人，都有较强的自尊心和荣誉感。你对他们真诚的表扬与赞同，就是对他们价值的最好承认和重视。

◎ 两句赞美加一句批评，能打动人心

美国前总统约翰·柯立芝发现，他的女秘书虽然长得非常漂亮，但工作经常出错。如果直接批评她，可能会激发她的防卫心理。

一天早晨，当这位女秘书穿着漂亮的衣服走进办公室时，他对她说："今天你穿的衣服真漂亮，适合你这样年轻漂亮的小姐。"女秘书听了喜形于色。

柯立芝接着说："你处理的公文如果不出错的话，我相信它也能和你一样漂亮。"从那天起，女秘书处理公文是很少在出错。

柯立芝总统在批评之前先赞美女秘书的一个优点，然

后提出批评，最后以积极的方式结尾，这个三段式的批评方法，就像一个"三明治"：两片"赞美"的面包夹着一片"批评"的肉。这种沟通方法，被称为三明治法则。

领导的艺术：

三明治法则有利于员工接受上级的建议和批评，原因是：（一）在批评之前，先说些亲切关怀赞美之类的话，就可以制作友好的沟通氛围，并可以让对方平静下来安下心来进行交往对话；（二）在批评之后再说些鼓励和肯定的话，能及时给予批评对象以鼓励、希望、信任、支持、帮助，使之能振作精神，重新再来，不再陷于错误的泥潭之中。

◎ 日常沟通，会有意想不到的效果

松下幸之助有一个习惯，就是爱给员工写信述说所见所感。

有一天，松下正在美国出差，按照他的习惯，不管到哪个国家都尽量在日本餐馆就餐。因为，他一看到穿和服的服务员，听到日本音乐，就觉得是一种享受。这次他也毫无例外地去日本餐馆就餐。当他端起饭碗吃第一口饭的时候，大吃一惊，出了一身冷汗。因为，他居然吃到了在日本都没吃到过的好米饭。松下想，日本是吃米、产米的国家，美国是吃面包的国家，居然美国产的米比日本的还要好！此时他"立刻想到电视机，也许美国电视机现在已经超过我们，而我们还不知道，这是多么可怕的事情啊"！松下在信末告诫全体员工："员工们，我们可要警惕啊！"

以上只是松下每月写给员工一封信中的一个内容，这种信通常是随工资袋一起发到员工手里的。员工们都习惯了，拿到工资袋不是先数钱，而是先看松下说了些什么。员工往往还把每月的这封信拿回家，念给家人听。在生动感人之处，员工的家人都不禁掉下泪来。

松下几十年如一日地每月给员工写信，而且专写这一个月自己周围的事和自己的感想。这也是《松下全集》的内容。松下就是用这种方式与员工沟通的。员工对记者说："我们一年也许只和松下见一两次面，但总觉得，他就在我们中间。"

有一天，松下让他的助手带着所有百货商店的名片和他一起出去转一转，松下每到一个商店都要对上自老板，下至售货员表示谢意,并听取对方对产品的意见,并递上名片说:"我是松下,请多关照。我们渴望听到您的意见。"人们知道他是松下后,无不感动。这样做起到了很好的沟通作用。

领导的艺术:

领导者应以实际行动去与员工、顾客、家人做日常沟通。报告、会议、训示虽然也算沟通,但却不能感人肺腑。只有放下架子,用平等、真诚才能真正打开双方的心灵隔膜,荣辱与共。

CHAPTER 8

领导这样做，就能带出一流的团队

我更害怕由1只狮子领导的100只羊,而不是由1只羊领导的100只狮子。

——[法]塔列朗

三流的点子加一流的执行力,永远比一流的点子加三流的执行力更好。

——日本软银集团董事长　孙正义

◎ 团结合作,是成就事业的保证

莱曼兄弟公司是1850年由莱曼三兄弟:亨利·莱曼、伊曼纽尔·莱曼、迈耶·莱曼创办的。这三兄弟原籍德国,19世纪中叶,他们同众多的淘金者一样,一起来到美洲新大陆寻找好运。他们挑选了美国亚拉巴马州蒙哥利亚市作为落脚点,并创立了莱曼兄弟公司。经过几代人的共同努力,到1983年,莱曼兄弟公司已拥有资本约2.5亿美元。它不仅是华尔街最大的投资银行之一,也是华尔街历史最长的合伙企业。

然而,1983年7月26日,莱曼兄弟公司召开了董事会特别会议。彼得森在会上宣读了他辞去莱曼兄弟公司董事长兼总经理职务的声明。这一声明,很快被通过。格拉克斯曼终于夺取了莱曼兄弟公司的最高权力。

"冰冻三尺,非一日之寒。"彼得森和格拉克斯曼之间的矛盾是长期以来公司权力斗争以及华尔街银行家和证券交易商之间对立的大爆发。

格拉克斯曼精于预测股票价格和利率的动向，有"信贷分析业务最内行的专家"之称。在他主持莱曼兄弟公司业务几年中，莱曼兄弟公司一直是华尔街证券交易的佼佼者。但格拉克斯曼是东欧犹太人，傲慢的美国权势阶层一直把他拒于华尔街上层社会之外。工作之余，他只得一个人到唐人街饭馆自酌自饮，以消磨时光；彼得森虽然也是希腊移民的后裔，但他同美国权势阶层关系密切，人们频频看到他同客户、竞争者、政府、报界和公众打交道，举行各种豪华的宴会。10多年来，华尔街银行家和证券交易商之间的矛盾日益突出，使得彼得森与格拉克斯曼之间的敌意也逐渐加深。十几年前证券交易从属于银行业务，证券交易商处于从属地位。但时至1983年，证券业务已蒸蒸日上，证券销售和交易活动已成为获利中心，因此二者之间产生矛盾在所难免。

1983年7月12日的午餐会，终于将格拉克斯曼压抑已久的怒火点燃了。这天，美国人寿保险公司请莱曼兄弟公司总经理共进午餐。入座时，彼得森与人寿保险公司的总经理为邻，坐在餐桌主宾席一端。而格拉克斯曼被安置在长餐桌的另一端，纯粹是在观望席上。格拉克斯曼的无名之火终于燃烧了起来。当彼得森与保险公司总经理热情交谈时，他故意将银餐具弄得乒乓作响，以发泄心中的不满。

1983年7月26日,格拉克斯曼掌管了莱曼兄弟公司,开始制订计划,"医治莱曼兄弟公司的创伤"。他所用的药方是不惜牺牲公司的利益,以满足个人一时的私利。这种药方不仅医治不了公司的创伤,反而使他陷入信誉扫地、众叛亲离的困境。为了壮大自己在董事会的势力,他未经董事会同意就吸收新的成员入伙。有个名叫彼得·道金斯的人,向他提供了100万美元低息贷款以购买一套公寓。格拉克斯曼给彼得·道金斯的回报是75万美元的年薪。最引起公司众怒的是:格拉克斯曼及其同伙随心所欲地改变公司合伙人分红的比例,侵犯公司合伙人的经济利益。莱曼兄弟公司的传统做法是总经理有权对公司合伙人的年度红利,包括7名常委红利的多寡做出最后决定。格拉克斯曼就利用这一弄权的机会,在董事会上提出红利和股息分配的新方案。在新方案中,他将自己和其他4名高级成员的红利从1982年的125万美元跃增到150万美元。多数票据销售和交易商的红利也都增加,但不少银行家的红利减少了。其他合伙人股票分配情况更是如此。以往每年的董事会决定在固定的102 000股股票的重新分配中,主要合伙人的股票很少会大增大减,但这一次,格拉克斯曼的股票一下子从上一年的3 500股猛增到4 500股,而其他人却所增无几。

面对格拉克斯曼日渐膨胀的私欲，公司的许多合伙人和董事再也无法容忍了。到1983年10月，多名公司合伙人离去，公司内部人心涣散，公司的资本只剩下1.77亿美元。仅这么一点资本，根本无法同华尔街那些资本雄厚的金融机构竞争，同时，也难以维持莱曼兄弟公司每年4.37亿美元的开支。"屋漏又逢连阴雨"，在反复无常的证券交易市场上，多头交易此时突然变为空头交易，资金不足的莱曼兄弟公司利润锐减，业务空前暗淡。从1983年10月1日到1984年3月31日半个财政年度里，莱曼兄弟公司的利润就减少了1 160万美元。仅1984年3月，股票和固定收入交易部亏损就达1 260万美元。与银行货币经营部门700万美元获利相抵之后，仍亏损560万美元。莱曼兄弟公司只有大量吸收外部资本才能摆脱目前的困难。吸收外部资本有多种途径，但无论采取哪一种途径，都将危及公司传统的独立地位，动摇格拉克斯曼个人的权力基础。莱曼兄弟公司出路何在？人们不得而知。

1984年3月的一天，格拉克斯曼接到了希尔森——美国捷运公司董事长科恩的电话，表示愿意向风雨飘摇的莱曼兄弟公司伸出援手。

4月3日，双方在美国捷运公司董事长专用餐厅里举行谈判。谈判一开始，格拉克斯曼问："莱曼兄弟公司同希尔森—美国捷运公司合并的前提是我必须让位?"对方以傲慢的口气答道:"是这样。"谈判结束时,科恩冷峻地说:"我要声明,我们对掌握少数股权不感兴趣,我们感兴趣的是一锅端。"

历经134年风风雨雨长盛不衰的莱曼兄弟公司,最终在内部的权力斗争中坍塌了。

领导的艺术:

团结合作是成就事业的保证。然而在现实生活中,企业内部的权力斗争并不少见,往往因为一个人的欲望,而把一个好端端的企业拖入可恶的内耗中。而这种可恶的内耗,往往将一个好端端的企业挤到崩溃的边缘,从而深深地验证着一损俱损的多米诺效应。愿所有管理者都能从此例中吸取教训,牢记"堡垒最容易从内部攻破"的戒律。

◎ 选卓越的部门经理,才能有卓越的部门

古时候,有位很智慧的马夫。由于他才识过人,远近闻

名。国王知道后，请他到宫中，向他询问治国方略，发现他果然是深谋远虑，于是尊他为大臣。

有一天，国王在这位大臣的陪同下，来到马棚视察养马的情况。见到养马人，国王关心地询问："马棚里大大小小的事很多，哪一件事最难做呢？"养马人一时难以回答。其实，在养马人心中是十分清楚的：一年365天，打草备料，饮马放马，接驹钉掌，除粪清栏，哪一件都不是轻松的事？可是在君王面前，怎能一一数落出来呢？养马人一时无言以对。

大臣站在一长排拴马的栅栏旁，环视一周，代替养马人说："从前我也当过马夫，我自己的体会是，编排用于拴马的栅栏最困难。为什么呢？因为在编栅栏时所用的木料往往有曲有直。你若想让所选的木料用起来顺手，使编排的栅栏整齐美观，结实耐用，开始的选料就显得极其重要。如果你在下第一根桩时用了弯曲的木料，随后你就得顺势将弯曲的木料用到底。像这样曲木之后再加曲木，笔直的木料就派不上用场了。反之，如果一开始就选用笔直的木料，随后必然是直木接直木，曲木也就用不上了。"

领导的艺术：

第一根木桩就好比是部门经理，其曲直往往影响到后面的木桩。在企业中,每个部门的文化与部门经理有非常大的关系。部门经理在招聘人才和提拔下属时,选择的必定是自己所认同的一类人。因此,如何提高部门经理的素质是最重要的问题。

◎ 起用年轻将军,就能有一支年轻军队

拿破仑是法国杰出的资产阶级军事家、战略家,他一生南征北战,从一个普通的尉官直至占领欧洲大部分领土、非洲部分领土的统帅,无不得力于他手下有一大批青年将军、元帅。

拿破仑曾经说过:任用年轻的将军,就等于拥有一支年轻的军队。

大胆使用青年将领,军队就是一支狮军。而这些年轻的将领都必须具有"勇气过人""机智天才""遵循兵法规律与自然法则"等条件。

拿破仑手下的元帅,除贝蒂埃元帅外,绝大多数都是年轻人。

请看下列如此年轻而威武的阵营:

达乌,28岁,远征埃及的骑兵指挥官;

马尔蒙,26岁任意大利法军炮兵司令,27岁任军长和炮兵总监,32岁任达尔马齐亚总督;

苏尔特,25岁任准将,30岁晋升少将;

奥什,25岁任准将,29岁任集团军司令;

乌迪诺,34岁任步兵总监;

……

拿破仑前期战功卓著,主要归功于他拥有众多年轻的将才。他彻底摒弃了门第观念,重视在军队实际作战指挥中擢升年轻将领,由此军队所向披靡。

拿破仑总结说,一个优秀的将军,必须有比他更能作战的年轻将领做下属。

领导的艺术:

一个优秀的将军,必须有比他更能作战的年轻将领做下属。任用年轻的将军,就等于拥有一支年轻的军队。领导者尤其要注重在团队中大胆提拔任用年轻人。

◎ 制度法规要让人怕，领导讲话要让人爱

《韩非子》讲过这样一个故事。

在赵国的上地，有个叫董阏于的人到此为官。当官的走马上任，都要先对管辖区域做次视察。

有一天，他在石邑山中发现一个数百米深的山涧，站立其边，它的陡峭程度令人头昏腿软，不敢下望。于是他问当地乡民："可曾有人下去过？"乡民答："没有。"又问："莽夫、傻子、疯子可有人下去过？"乡民答："没有。"又问："牛、马、猪、狗可下去过？"乡民答："没有。"

这位新官顿悟一理：依法治理，就是要让法谁见谁怕，则法可行矣！

领导的艺术：

制度、法规要让人怕，领导讲话要让人爱。这两句话是管理上的要律。道理很简单，制度法规是让人遵守的，而领导讲话是要引导和指导方向、让人相信的。

◎ 制度与切身利益挂钩，奇迹就发生了

这是发生在第二次世界大战中期的一个故事。在战争中扮演了重要角色的美国空军，为了降落伞的安全性问题与降落伞制造商发生了一段纠纷。当时降落伞的安全性不够，合格率较低。厂商采取了种种措施，使合格率提升到99.9%，但军方要求产品的合格率必须达到100%。厂商认为这是天方夜谭，他们一再强调，任何产品也不可能达到100%合格，除非奇迹出现。99.9%的合格率已经相当优秀了，没有必要再改进。

99.9%的合格率乍看很不错，但对于军方来说，这就意味着每1 000个伞兵中，会有一个人的降落伞不合格，他就可能因此在跳伞中送命。后来军方改变了检查产品质量的方法，决定从厂商上周交货的降落伞中随机挑出一个，让厂商负责人装备上身后，亲自从飞机上跳下。

这个方法实施后，奇迹出现了：不合格率立刻变成了零。

还有一个例子。

澳大利亚从前只有土著居住，后来英国把澳大利亚当作流放犯人的地方，这些犯人代代繁衍，久而久之，就形成了今天的澳大利亚联邦。而在运送犯人的途中，发生过这样一个故事。

承担运送犯人任务的都是些私人船主，他们接受政府的委托，自然也要收取相应的费用。一开始，英国政府按照上船时的犯人人数——上船人数——付给船主费用。于是，船主们为了牟取暴利，想尽种种办法虐待犯人，克扣犯人的食物，甚至把犯人活活扔下海，导致运输途中犯人的死亡率最高时达到94%。

后来英国政府想出了一个办法，他们改变了付款规则，按照活着到达目的地的人数——下船人数——付费。于是，船主们想尽办法让更多的犯人活着到达澳大利亚，饿了给饭吃，渴了给水喝，大多数船主甚至还聘请了随船医生，犯人的死亡率最低时降到1%。

领导的艺术：

原本认为不可能的事，制度一改，奇迹就发生了。关心自己的利益是人的本性，怎样让制度顺应这种本性，以此激发人的工作热情，是制度设计者需要深思的问题。

◎ 勤劳有益的时候，人们才会勤劳

教官向一班学员讲授领导与管理。

他给学员出了一道题目，上面写着：

"现在请你来领导本班，令大家全部自动走出室外，切记：要大家心甘情愿。"

第一位学员不知道怎么办才好，只好回到座位上。

第二位学员是这么做的："教官要我命令你们出去，听到没有？"没人动。

第三位学员这么做："各位，教室要打扫，请各位离开！"但仍有一些人留在室内。

第四位学员看了纸片上的题目一眼，微笑着对大家说："好了，各位，现在下课了，可以开饭啦！"

没过几秒钟，全教室里的人都走光了。

领导的艺术：

现实中的人性是"无利不起早"，勤劳有益的时候，人们才会勤劳。要想让大家心甘情愿地服从命令，必须与每个人的切身利益挂上钩。

◎ 分配机制，影响人的行为方式

曾经有7个人住在一起，每天分一大桶粥。要命的是，粥每天都不够的。

一开始，他们抓阄决定谁来分粥，每天轮一个。于是每周下来，他们只有一天是饱的，就是自己分粥的那一天。

后来他们开始推选出一个道德高尚的人出来分粥。强权就会产生腐败，大家开始挖空心思去讨好他，贿赂他，搞得整个小团体乌烟瘴气。

然后大家开始组成三人的分粥委员会及四人的评选委员会，互相攻击扯皮下来，粥吃到嘴里全是凉的。

最后想出来一个方法：轮流分粥，但分粥的人要等其他人都挑完后拿剩下的一碗。为了不让自己吃到最少的，每人都尽量分得平均。此后，大家快快乐乐，和和气气，日子越过越好。

领导的艺术：

组织的机制问题，概括起来有两个，一个是生产机制，解决如何多生产的问题，另一个是分配机制，解决如何分配的问题。生产是为了分配，但是如果分配出了问题，就会降低生产者的积极性，从而让生产机制失效。因此，生产机制和分配机制是紧密相关的。上面这个故事中，同样是7个人，不同的分配制度，产生了不同的分粥结果，说的就是这个道理。一个组织如果有不好的工作风气，那很可能是机制出了问题。如何制定一套良好的生产和分配制度，是每个领导都需要考虑的问题。

◎ 科学分工，是团队协作的基础

在非洲大草原上，三只瘦弱的猎狗正与一只高大的斑马进行一场生死搏斗。

乍一看来，三只弱小的猎狗很难是大斑马的对手。但实际情况是，一只猎狗咬住斑马的尾巴，任凭斑马的尾巴如何甩动，也死死咬住不放；一只猎狗咬住斑马的耳朵，任凭斑马如何摇头，也决不松口；一只稍显强壮的猎狗咬住斑马的一条腿，任凭斑马如何踢弹，一点也不敢懈怠。

不一会儿，在三只猎狗的齐心攻击下，"庞然大物"斑马终于体力不支瘫倒在地，成为三只猎狗的盘中餐。

领导的艺术：

在组织内部，管理者一个很重要的职能就是科学分工，根据实际动态对人员进行最佳配置。只有每个员工都明确自己的岗位职责，各司其职，才不会产生推诿、扯皮等不良现象。

◎ 维护制度的尊严，从迟到罚站开始

联想集团有个规矩，凡开会迟到者都要罚站。在媒体的一次采访中，柳传志表示："我也被罚过三次。"

他说："公司规定，如果不请假而迟到就一定要罚站。但是这三次，都是我在无法请假的情况下发生的。比如：有一次被关在电梯里边。罚站的时候是挺严肃，而且是很尴尬的一件事情，因为这并不是随便站着就可以敷衍了事的。在

20个人开会的时候,迟到的人进来以后会议要停一下,静默看他站一分钟,有点儿像默哀,真是挺难受的一件事情,尤其是在大的会场,会采用通报的方式。第一个罚站的人是我的一个老领导。他罚站的时候,站了一身汗,我坐了一身汗。后来我跟他说:'今天晚上我到你们家去,给你站一分钟。'"

柳传志坦承这不好做,但是也这么硬做下来了。

领导的艺术:

开会不许迟到,迟到就要罚站。把这个制度长期执行之后,出了问题就要受罚的观念就深入人心了。不管谁犯了错误都会受罚,公平感就会产生,团队就会精神百倍。

◎ 能者多劳,是懒人对能人的剥削

有一户人家,全家人都非常懒惰。爸爸叫妈妈做家务,妈妈不想做就叫大姐做,大姐不想做就叫妹妹做,妹妹也不想做就叫小狗做。

有一天，家里来了一个客人，发现小狗在做家务。客人很惊讶，问小狗："你会做家务呀？"小狗就说："他们都不做，就叫我做！"客人更加惊讶："你会说话呀？"小狗说："嘘！小声点儿？让他们知道我会说话，又该叫我去接电话了？"

领导的艺术：

合格的管理者必须能将所管员工的本职范畴、责任及考核界定清楚。"能者多劳"的本质就是懒人对能人的剥削。

◎ 激发工作热情的18种非经济手段

1.自我激励

由公司老总或其他事业有成的人士为员工讲解创业经历，让员工认识到事业成功的可能性和艰难性；邀请成功学专家到公司演讲；订购成功学方面的书刊给员工阅读；让员工讲出自己的理想，以及实现这些理想的打算等。

2.个人业务承诺计划

让每名员工年初制订本人全年业务开展计划,向公司立下"军令状"。由其直接主管负责考察业绩完成情况、执行力度及团队精神,并予以必要的指导、协助和鼓励。

3.组建临时团队

将某个重要的业务计划或项目交由一个临时组建的团队去做。人的控制权、决策权和人的责任感是成正比的。当一个人充满责任感的时候,他将会全身心投入进去。

4.生存竞争

对员工进行动态评估,让每个人都知道自己所处的位置。让员工明白,如果他们不努力工作或者工作没有业绩,就有可能被公司淘汰出局。

5.新陈代谢机制

制定公司、部门及个人工作目标,建立相应的考核机制,达不到则相关的责任人员无论级别、资历、以往贡献都得下台。

6.分组竞争机制

将公司业务部门划分为若干小组,每天(周)公布业绩排行榜,月终总结,奖励先进,激励后进。基于真诚合作和责任承诺的内部竞争,来自同级的压力比来自上级的命令更能促进员工的积极性和工作热情。

7.在内部引入外来竞争

允许内部机构向外界采购产品或服务，使内部相关的供应部门不能再依靠独家生意，不思进取。

8.鼓励"非法行动"

允许和鼓励员工做一些正常工作、常规程序以外的尝试。基层员工常常是最了解产品、客户和市场的，他们由于成年累月的实际操作，对这些方面有独到的了解，知道怎样提高生产和市场拓展效率。

9.给员工完全自由发挥的空间

如对公司科研人员而言，可以允许其花费工作时间的15%，在自己选定的领域内从事研究和发明创造。

10.培训机会

为员工提供全方位、多层次的培训机会，增加企业人力资源的价值和员工自身的价值。这既是调动员工积极性的需要，也是维护和提高企业市场竞争力极为重要的一环。

11.岗位轮换

员工定期（比如一年）轮岗，尝试不同的工作岗位。这样，工作产生的乐趣和挑战性就成为工作对员工的回报。

12.给予员工畅顺的事业发展渠道

在干部选拔上,企业要给员工更多的机会,从以前对外聘用为主,转变为对外聘用与内部选拔并重,最后过渡到内部培养选拔为主,变"伯乐相马"为"在赛马中选马"。

13.减少审批程序

减少一个产品研发或市场拓展计划的审批程序和时间,不要设置过高的审查标准,留给相关人员更多的空间。

14.员工参与决策

建立员工参与管理、提出合理建议的机制,提高员工主人翁参与意识。如让员工参与公司发展目标、方向的分析研讨,让员工参与项目确定,参与保证公司正常运转的各项规章制度的制定。

15.荣誉激励

对有突出表现或贡献的员工,对长期以来一直在为公司奉献的员工,毫不吝啬地授予一些头衔、名号。它们可以换来员工的认同感,从而激励员工的干劲。

16.双向沟通

基层员工与高层管理人员恳谈会、经理接待日、员工意见调查、总裁信箱面向全体员工收集意见和建议、设立申诉制度,让任何的意见和不满得到及时、有效的表达;建立信息发布会、发布栏、企业内部刊物等,让员工及时了解企业发展动向、动态,增强他们参与的积极性。

17.变惩罚为激励

员工犯错误,通过管理者与其进行朋友式的沟通和交流,让员工感受到被尊重和爱护,从而主动承认错误,主动接受惩罚,主动改善工作质量。

18.亲情关怀

企业的经理和主管应该是一个细心的人。对员工的工作成绩,哪怕是很小的贡献也及时给予回馈。一张小纸条,一个电话留言,一封E-mail,一个包有两张电影票的红包,一次痛快的集体温泉浴或郊外游,都能让员工感到自己受领导关注、工作被认可,并为此而兴奋不已。

此外还有建立员工生日情况表,总经理签发员工生日贺卡、关心和慰问有困难员工等,可以很好地增强员工的归属感。

领导的艺术:

合格的管理者必须知道,员工激励是企业管理的核心,就好比不给花草浇水施肥,如何能让他们茁壮成长?

◎ 个人的价值，只有融入团队才能体现

下面是一位中国留学生在美国学到的难忘的一课。

小李在美国进修硕士学位，有一门课要求他们每4个人组成一组到企业去实践帮他们写程序，由于同组的另外3个老美对程序开发都没什么概念，所以小李作为组长只好重责一肩挑起，几乎是独立完成了所有的工作。终于拖到了结案，厂商及老师对他们的程序都相当满意。

第二天，小李满怀希望地跑去看成绩，结果竟然是一个B，更气人的是，另外那3个老美拿的都是A。小李懊恼极了，赶快跑去找老师。

"老师，为什么其他人都是A，只有我是B？"

"噢？那是因为你的组员认为你对这个小组没什么贡献？"

"老师，你该知道那个程序几乎是我一个人弄出来的，是吧？"

"哦？是啊，他们都是这么说的，所以……"

"说起贡献,你知道Bryan每次我叫他们来开会,他们都推三阻四,不愿意参与吗?"

"对呀!但是他说那是因为你每次开会都不听他们的,所以觉得没有必要再开什么会了!"

"那Jeff呢?他每次写的程序几乎都不能用,都亏我帮他改写!"

"是啊,就是这样让他觉得不被尊重,就越来越不喜欢参与,他认为你应该为这件事负主要责任。"

"那撇开这两个不谈,Mimi呢?她除了晚上帮我们叫Pizza外,几乎什么都没做,为什么她也拿A?"

"Mimi啊?Bryan跟Jeff觉得她对于挽救贵组陷于分崩离析有绝大的贡献,所以得A。"

"亲爱的老师!你该不是有种族歧视吧?"

"噢,可怜的孩子,你会打篮球吗?"

这事到底关篮球什么事?小李想不明白。

老师向他解释:"当你踏入社会,你会发现,个人优秀型的竞争是很少见的。不论你是工程师、经理人或是特殊教育的老师,你的成就必须依赖别人跟你的合作。就像是一个篮球球员那样,任何的得分都必须靠队员之间缜密的配合。好的篮球球员如乔丹,除了他精湛的球技之外,更重要的是他与队员间良好的默契,以及乐于与队友共同追求卓越的精神。"

领导的艺术:

团队精神能够增强企业的凝聚力,充分发挥员工的潜能,迅速地实现企业的目标。相反,如果员工们缺乏团队精神,一盘散沙,即使有个人能力较突出的员工,其能力也得不到发挥。

◎ 工作到岗、责任到人、监督到位

海尔电冰箱厂有个材料库,五层高的大楼玻璃很容易脏,让整个大楼的2 945块玻璃保持清洁干净很不容易。怎么办?要坚持3个"一",即每一人、每一天、每一件事,大到机器,小到一块玻璃都要日清日洁。为此主管在2 945块玻璃上都置有编号小条,条上有擦玻璃人和监督人的编码。发现哪一块脏,不用去"找领导",直接找这两个人!即使该厂年轻女工胆小不敢上去擦,但因责任到人,于是这些小姑娘就聪明地调动男朋友的积极性……因此所有玻璃都能保持干净。

海尔电冰箱，从钢板成型到冰箱出厂，共有156道工序545项责任，因为落到实处，所以质量也就有了保证。

领导的艺术：

许多企业都参观过海尔，可还是提升不了执行力。问题就在于人们在枯燥乏味而烦琐的日常事务上不愿做细，不能持久——没有持之以恒就不会有名牌。

CHAPTER 9

情境领导力,让你在变化中成就卓越

"做领导者"和"做你自己"是同义词。就这么简单,也是这么困难。

——(美)沃伦·本尼斯

如果通用公司不能在某一个领域坐到第一或者第二把交椅,通用公司就会把它在这个领域的生意卖掉或退出这个领域。

——通用电气公司前总裁 杰克·韦尔奇

◎ 如果有制度和惯例,就别轻易有"例外"

宋代名臣富弼克己奉公,为官清正,颇有廉声。《宋稗类钞·品行》记载,富弼出任枢密使时,宋英宗赵曙刚登上天子的宝座。赵曙上台后,将其父仁宗皇帝的遗留器物,都拿来赏赐给朝廷重臣。众臣叩头感谢领赏之后,一起告退。赵曙却单独请富弼留下,又在惯例之外,特别赏赐他几件器物。

富弼先叩头谢恩,然后坚决推辞不接受这份额外的赏赐。赵曙有些不高兴,轻描淡写地说:"这些东西又不值什么钱,你没有必要推辞呀。"富弼恳切地说:"东西虽然很微薄,但关键是额外所赐。大臣接受额外的赏赐而不谢绝,万一将来皇上做出什么例外的事来,凭什么劝谏呢?"最终富弼还是推辞掉了这份赏赐。

领导的艺术:

富弼拒赏的故事,表面上看是他不贪婪财物,而从他的回答来看，他是在委婉地提醒皇上：既然朝廷有制度和惯例，就应该认真遵守，不要轻易去践踏和违背，即使是以"例外"的名义，也是要不得的。富弼的这番良苦用心，值得后世的领导者用心体会。

◎ 有过劣迹的人，起用前要加倍小心

狼对牧羊人说："你现在牧场经营得这么好，你真有本事啊，我太崇拜你了，我愿意为你效劳，让我保护你的羊群吧！"

牧羊人犹豫不决，可是狼表现得太诚恳了，它流着悔恨的泪水说："你总不能因为我以前的错误而否定我的一生吧。我会像你的猎狗一样忠实，而且我拥有抵御外来侵扰的力量，如果那些儿狼和狮子来了，我会和它们拼到底的……"

牧羊人觉得它说得入情入理，于是就安排它守护羊群。十几天过去了，羊一只也没有少。牧羊人放心了，于是就放手把羊群交给狼看管。

一天，牧羊人出门回来，发现羊群和狼都不见了，原来狼趁着主人不在家，把羊群带走了，它不用捕猎，每天都可以享用鲜嫩的羊肉了。

一直受到冷落的老猎狗对懊悔不已的牧羊人说："你把财物托付给不应托付的人，应当信任的你却不信任，上当是难免的。"

领导的艺术：

虽然说浪子回头金不换，但冒着巨大的风险起用一个劣迹斑斑的人，还是不值得的。吃过羊的狼，决不能用它去看守羊群。这既是对狼的警告和戒备，也是对老猎狗的信任和尊重。

◎ 新领导上任，要多和员工交流

一个制造企业聘请了一位有特殊管理专长，却在专业技术方面并不是很强的厂长。因为前任厂长在专业技术方面十分专精，再加上多年的相处和工作习惯，所以厂内的员工对新任厂长并不服。不但对于新的管理改革方案不热心配合，而且看到他就远远地躲开不愿接近。

新任厂长看到这种情形，认为自己和他们打成一片才可以贯彻自己的管理改革措施。

第一个月他经常带一些小礼物，在晚间到两位主管的家里，和他们及其家人谈天说地，后来几乎是无话不谈，他也就因此了解了主管们一些不为人知的小缺点。

第二个月开始，他和两位主管取得了共识，两位主管时时在晚上到厂长的家里喝茶，报告一些厂里员工特殊的个性或是近况，并且将自己遇到一些事也做了一番报告。这样，新厂长就对厂里的员工们有了比较详细的了解。

上班的时候，只见厂长四下走动。

当看到仓库的小姐就说："嗨！我看到过你的男朋友在工厂门口等你，他好帅好高啊！今天他来吗？"其实他并不曾遇到过女孩的男友。

"嘿！听说你儿子功课特棒，他的脑袋瓜子一定跟你一样聪明。"

新厂长经常和大伙儿一起在餐厅用餐，一边吃一边将两位主管的一些小缺点都讲出来，而和厂长早有默契的两位主管，在一旁只是傻笑。

没有多久，厂里便上上下下打成一片，新厂长的管理改革政策也获得了普遍的支持。

领导的艺术：

经常和员工交流，时时表示一下自己的关心，员工都会记住的，而且会觉得你很重视他们。这样一来，你的命令当然会很好地得到他们的支持与贯彻。

◎ 靠硬性措施，是留不住人才的

天黑了，张姓牧羊人和李姓牧羊人在把羊群往家赶的时候，惊喜地发现每家的羊群头数都多了十几只，原来一群野山羊跟着家羊跑回来了。

张姓牧羊人想：到嘴的肥肉不能丢呀。于是扎紧了篱笆，牢牢地把野山羊圈了起来。李姓牧羊人则想：待这些野山羊好点，或许能引来更多的野山羊。于是给这群野山羊提供了更多更好的草料。

第二天，张姓牧羊人怕野山羊跑了，只把家羊赶进了茫茫大草原。李姓牧羊人则把家羊和野山羊一起赶进了茫茫大草原。

到了夜晚,李姓牧羊人的家羊又带回了十几只野山羊,而张姓牧羊人的家羊连一只野山羊也没带回来。

张姓牧羊人非常愤怒,大骂家羊无能。一只老家羊怯怯地说:"这也不能全怪我们,那帮野山羊都知道一到我们家就会被圈起来,失去自由,谁还敢到我们家来呀!"

领导的艺术:

企业留人,一靠待遇,二靠情感,三靠事业。很多企业都通过硬性措施囚禁人才。结果是留住了人,也没能留住心,到头来依旧是竹篮打水一场空。其实,真正能留住人才的,是在事业上给予他们足够的发展空间和制度上的来去自由。

◎ 心疼员工,就是在保护资产

美国斯凯电子电视公司总裁阿瑟·利维,为了闭路电视的研究工作,曾录用一位颇有干劲的青年人比尔。

比尔一上任,便一头钻进了实验室,在工作最紧张的时候,比尔一连40多个小时没离开过工作台。

看到这一情景,利维深深感动了,他拉着比尔的手说:"要是你再不改变一下工作方式,我就要停止新产品的研制工作。"

"为什么?"比尔惊讶地问。

"像你这样不分昼夜地工作,不等新产品问世,人就累垮了。"利维说,"我宁愿不做这生意,也不能赔上你的生命。我知道你是在竭尽全力干这项工作,你的心意我领了,就是研制不成功,我也不会怪你的。"

简短的一番对话,利维便同比尔结成了至交。不到半年,闭路电视就研制成功。

领导的艺术:

人生相遇贵相知,孰谓世间无伯乐。谁都懂得一些领导和管理技巧,但有谁想过:心疼你的员工,就是在保护你的资产,这才是这一切的根本。

◎ 退休人员，是看不见的人力资产

有一年公司的经营状况好极了。销售额在上升，订单数在增加。可是由于员工退休所带来的人手不足，使公司几乎无法按时交货。

公司开了几个会来讨论如何解决这个问题。从许多方案之中，他们终于找到了一个行之有效的办法。

公司经理跟他的秘书说："小李，你能列个最近退休人员的清单吗？"

李秘书列出了清单。经理的目光落在第一个人的名字上，抓起了电话。

问退休员工能不能回来帮助他们渡过难关真是一个明智的决断。退休员工的反响很热烈，而他们工作的质量和效率更是极为出色。

这是非常完美的解决方案。退休的员工有机会见到老朋友，还能挣笔外快。他们暂时放弃了一生努力所换得的退休生活，回来帮助他们热爱的公司。

公司也非常感激，车间和办公室的人们都欢迎他们回来。因为人们知道退休人员做的工作要比刚接受培训的人好得多。而让退休员工暂时回来可以避免发生坐吃山空的情形。

而且，公司请回退休人员帮助公司，是用实际行动表明了对人才的态度，这对那些还没有退休的人来讲，也是一种温暖人心的激励。

领导的艺术：

一个公司和员工的关系，不应在他退休时就结束，而应是一种新型合作关系的开始。这种合作关系可以扩大到行业内和客户企业的退休人员，请他们兼职做一些力所能及的事，或者请他们做一些顾问、培训工作，都是"花小钱、办大事"的举措。而且，能让企业形成"爱护人才""人尽其才"的好名声。

◎ 高明的领导，会接受他不喜欢的事

松下幸之助是日本著名的企业家，他的企业经营管理经

验备受世人重视，享誉全球。也正因为如此，松下幸之助被称为日本的"经营之神"。

有一次，松下对一位部门经理说："我个人要做很多决定，并要批准他人很多决定。实际上只有40％的决策是我真正认同的，余下的60％是我有所保留的，或我觉得过得去的。"

经理觉得很惊讶，松下不同意的事大可一口否决。

"你不可以对任何事都说不，对于那些你认为算是过得去的计划，你大可在实行过程中指导他们，使他们重新回到你所预期的轨道。我想一个领导人有时应该接受他不喜欢的事，因为任何人都不喜欢被否定。"

领导的艺术：

一个领导人应该学会接受他不喜欢的事，因为任何人都不喜欢被否定。对自己不完全认可的人，在工作中给予指点和关怀，对自己不完全认可的事，在过程中进行优化和完善，这才是对员工最大的鞭策。总是说"不"，既解决不了问题，又会伤害员工的积极性。

◎ 要想不被蒙蔽,就要深入第一线

清朝道光皇帝崇尚节俭。有一次,他裤子膝盖处破了,又不愿去做新的,光补一边还比较难看,就让人在裤腿上各补了两个月亮型的补丁。

在内务府的报销奏单上,这两个补丁花销白银50两。上行下效,皇帝如此,臣子们也争做节俭状。一次,大学士苏州状元潘元恩上朝时也穿了条有两个月亮型补丁的裤子。道光皇帝看见了很高兴,就问他这两补丁花了多少钱。

潘大学士自然是个聪明的人,明白这一问不能随便回答,说少了就会开罪内务府的人,为自己种下祸苗,于是尽他的胆子夸大说:费了20两银子。道光一听,又惊又怒:"为什么这么便宜,我这两个补丁费了50两,这帮子奴才全在蒙我。"

领导的艺术:

皇帝自然是最好蒙骗的,而那些整天坐在办公室、会议桌旁的老板、领导也差不多。要想不被部属和员工蒙蔽,既要以身作则,又要深入他们的内心,还要经常到经营活动第一线,真正了解到真实有用的信息。

◎ 激将法,时常会创造奇迹

艾尔·史密斯曾任美国纽约州州长,他就曾成功地使用好胜心创造了一个奇迹。

一次,史密斯需要一位强有力的铁腕人物去管理魔鬼岛以西最臭名昭著的辛辛监狱,因那里缺一名看守长。这可是件棘手的事。

经过几番斟酌,史密斯选定了新汉普顿的刘易斯·劳斯。

"去管理辛辛监狱怎么样?"史密斯轻松地问被召见的劳斯,"那里需要一个有经验的人去做看守长。"

劳斯大吃一惊,他知道这项任务的艰巨。这是一项政治任命,他不得不考虑自己的前途,考虑这是否值得冒险。

史密斯见他犹豫不决,便往椅背上一靠笑道:

"害怕了,年轻人?我不怪你,这本就是个困难的岗位，它需要一个重要人物来挑起担子干下去。"

这句话激起了劳斯的好胜心，他终于接受了挑战，并在辛辛监狱待了下去。后来，他对监狱进行了改革，帮助罪犯重新做人，成了当时最负盛名的看守长，创造了奇迹。

领导的艺术：

请将不如激将，巧妙地激起下属的好胜心，对于目标的达成有十分重要的作用。

◎ 从细节的地方，发现你想要的人才

恰科年轻的时候，到一家很有名的银行去求职。他找到董事长，请求能被雇用，然而没说几句话就被拒绝了。当他沮丧地走出董事长办公室宽敞的大门时，发现大门前的地上有一个图钉。他弯腰把图钉拾了起来，以免图钉伤害别人。

第二天，恰科出乎意料地接到银行录用他的通知书。原来，就在他弯腰拾图钉的时候，被董事长看到了。董事长见微知著，认为如此精细小心、不因善小而不为的人，非常适

合在银行工作，于是改变主意录用了他。

果然不出所料，恰科在银行里干得非常出色。后来恰科成为法国的银行大王。

阿基勃特也是因小事而引起大老板关注的。

阿基勃特年轻的时候，只是美国标准石油公司的一个小职员。他不在乎人言微轻，只要出差在外住旅馆，总是在自己签名的下面写上"每桶4美元的标准石油"的字样，在书信和收据上也从不例外。只要有他的签名，就一定写上那几个字。因此，他被同事戏称为"每桶4美元"，久而久之，他的真名反而没有人叫了。

公司董事长洛克菲勒得知了这个情况后，很有感慨地说："竟有如此努力地宣扬公司的职员，我一定要见见他。"于是，他邀请阿基勃特共进晚餐。

后来，洛克菲勒卸任，阿基勃特便成了美国标准石油公司的第二任董事长。

领导的艺术：

人常说"细节决定成败"。这句话对领导发现和选拔人才同样是适用的。越是不经意的细节，越能体现出这个人平时的态度、习惯和工作方法，管理人员对这些细节都加以留意和观察，有助于发现想要的人才。